마케팅 비용 극적으로 줄이는
10만 원 마케팅

소상공인, 스타트업의 광고 발상 전환 가성비 마케팅

마케팅 비용
극적으로 줄이는

50000

10만 원
마케팅

김기현 지음

나비의 활주로

최소의 투자로 최대의 효율을 내는
10만 원 마케팅의 세계

아마도 '10만 원 마케팅'이라는 제목에 흥미를 느껴서 이 책을 읽기시작하셨으리라 여겨집니다. 그렇다면 여러분에게 있어서 10만 원은 어느 정도의 가치를 가진 금액인가요?

10만 원은 많다고 하면 많고, 적다고 하면 적은 금액이지요. 그런데요, 월 광고비 10만 원으로 광고나 마케팅 활동을 할 수 있다고 하면 어떠신가요? 아마도 "와, 10만 원으로 마케팅을 할 수 있다고요?"라고 말씀하시는 분도, "에이, 거짓말하지 마세요. 10만 원으로 광고해 봤자 효과가 얼마나 있겠어요?"라고 답하실 분도 계실 것입니다.

결론부터 말씀드리자면 이 책은 여러분의 예상대로 10만 원으로 광고나 마케팅하는 방법을 가르쳐드립니다. 일 광고비 10만 원이 아니라 '월 광고비 10만 원'입니다. 물론 어떤 상황에서도 10만 원으로 딱 떨어지는 것은 아니고 다소의 오차는 있을 수 있습니다. 다시 말해서 모든 스타트업이나 소상공인 대표님들의 바람인 '소액으로 광고하기', '적은 금액으로 마케팅 효과를 보는 방법'에 관해 제가 아는 모든 노하우를 알려드립니다.

저는 2024년 현재, 종합 마케팅 대행사인 인스텝스를 운영하고 있습니다. 어린 시절부터 창업에 뜻이 있었기에 첫 사회생활을 쇼핑몰 운영으로 시작하여 영업직, 마케터로 재직하기도 했습니다. 한때 이엠넷이라는 광고대행사를 다녔고, 퇴사 후 스타트업을 시작하여 지금은 마케팅 대행사를 운영 중입니다.

대행사 직원으로 일했을 때부터, 대행사 사장이 된 지금까지 저는 광고하려는 정말 다양한 클라이언트를 만나왔습니다. 개중에는 광고 예산이 많은 대기업도 있었고, 광고에 사용할 자금이 적은 스타트업, 소상공인 사장님도 계셨습니다. 그런데 한 가지 의아했던 것은 적은 광고비를 가지고 마케팅을 해야만 하는 상황임에도 불구하고 대부분 '소액으로 마케팅을 할 순 없을까?'라는 의문을 갖고 도전하는 분이 거의 안계셨다는 점입니다. 다시 말해 어떻게든 자금을 조달해 비싼 비용을 들여서 광고해야 한다고 여기셨습니다. 왜 그럴까요? 여러 가지 이유가 있겠지만, 아마도 가장 큰 이유는 대부분의 대표님이 마케팅을 도전이라고 여기지 않아서 그런 게 아닐까요?

여러분이 1인 기업을 시작했다고 가정해 볼까요? 직원 없이 일해야 하는 사장님의 하루하루는 도전의 연속입니다. 먼저 고객이 구매해 줄 제품이나 서비스를 생산해야 하고요. 이 상품을 구매해 줄 고객을 찾아가 미팅을 통해 계약도 체결해야 합니다. 내 사업을 도와줄 거래처를 찾아다니며 협력 관계를 구축해야 하고, 일을 도와줄 직원을 뽑기 위해 직접 구직 광고를 올리고, 면접을 봐서 같이 일하고 싶은 직원도 채용하게 됩니다. 세무기장과 납세를 도와줄 세무사를 알아보고, 세무사와 함께 세금을 내는 것도 하나의 도전이겠지요.

그런데 신기하게도 유독 마케팅만큼은 대표님들이 직접 도전하는 일이 매우 드물었습니다. 대부분 대행사부터 찾거나 광고만 전담할 마케터를 직원으로 채용해서 맡기려고 하셨습니다. 그런데요. 경영학, 마케팅, 광고를 전공하지 않았어도 괜찮습니다. 지금까지 사회생활을 하면서 마케팅과는 담을 쌓고 살아오셨어도 상관없습니다. 마케팅은 차근차근 배워서 시작할 수 있고, 단돈 10만 원으로도 할 수 있으니까요. 이를 꼭 기억해 주세요.

세상은 도전하는 사람만이 방법을 찾기 마련입니다. 당연히 처음에는 서투를 수 있습니다. 하지만 도전하면 반드시 결과를 얻을 수 있는 것이 마케팅입니다. 여러분이 매일 도전하는 다른 과제들과 똑같습니다. 상품 생산, 영업, 인사 노무, 세무 회계…. 이 모든 것들도 처음에는 잘 몰라서 주변에 물어보고, 검색해서 정보를 찾아보며, 실무를 해보면서 몇 번의 시행착오를 거친 끝에 지금은 잘하고 계시지 않습니까?

어차피 사업하면서 마케팅은 피해 갈 수 없는 과제입니다. 돈이 많아야 한다거나 전문성이 필요하다는 선입견 때문에 직접 도전하지 않았다면 이 방법을 통해 쉽게 직접 도전해보셨으면 합니다. 사장님들이 꼭 풀어야 할 과제를 광고대행 혹은 외주, 직원 고용을 해서 외면하고 있었다면 이런 외면 때문에 광고비만 늘어가고, 매출은 늘어나지 않았다면 '소액으로 마케팅하기'라는 목표에 도전해보시기 바라며 이 책을 썼습니다.

그렇다고 해서 '이 책을 읽고 실천하면 당신도 월 1,000만 원을 벌 수 있다, 당신의 회사도 유니콘 기업Unicorn, 기업 가치가 10억 달러[=1조 원] 이상이고 창업한 지 10년 이하인 비상장 스타트업 기업이 될 수 있다'고는 감히 말씀드리지 못합니다. 그런 약속을 하면 저는 사기꾼이나 마찬가지이지요. 하지만 이 정도는 약속드릴 수 있습니다. 책을 끝까지 읽고, 내용을 이해하면서, 쉬운 것부터 하나씩 실천한다면 여러분의 회사 얘기를 듣게 될 새로운 고객, 새로운 구매자, 새로운 팬이 생기게 될 것입니다.

그러면 여러분 회사는 더욱 더 고객을 이해하고, 또 다른 마케팅 메시지가 생길 것이며, 이를 기반으로 상품과 방향성이 계속 바뀌게 될 것입니다. 더불어 메시지를 전할 세일즈 퍼널과 마케팅 퍼널이 생기게 됩니다. 이를 바탕으로 소액의 광고료인 10만 원가량으로 마케팅을 해볼 수 있을 것입니다. 이 모든 걸 포괄해서 여러분이 계속 도전할 수 있게 만들어주는 '린 프레임워크Lean Framework'가 생기게 됩니다. 이는 본문에서 자세히 설명합니다.

목차는 총 3개의 파트로 구성했습니다. 파트 1에서는 10만 원 마케팅이 무엇인지 원 개념부터 설명합니다. '소액으로 마케팅하기'에 과감하게 도전할 수 있도록 고정관념에서 벗어나는 것부터 시작합니다.

파트 2에서는 10만 원 마케팅을 실전에 적용하기 위해 무엇부터 어떻게 해야 하는지 실무에 쓰이는 프레임워크를 알려드립니다. 이것이 바로 린 프레임워크인데요. 이는 린 스타트업이라는 창업 이론에 저의 실전 경험이 더해져서 만든 마케팅 방법론입니다. 마지막으로 파트 3에서는 내 회사의 마케팅 메시지, 린 프레임워크를 완성하여 여러분이 10만 원으로 광고를 시작하기 좋은 마케팅 채널을 소개합니다.

우리나라에는 정말 편리한 제품, 맛있고 분위기도 훌륭한 가게, 창의력이 톡톡 튀는 놀라운 아이디어들이 참 많습니다. 하지만 이를 세상에 실현하고, 꾸준히 유지하는 사람은 손에 꼽을 정도로 드뭅니다. 지금 이 순간도 훌륭한 제품, 괜찮은 가게, 참신한 아이디어가 스포트라이트를 받지 못하다가 결국 폐업이라는 절차를 밟고 있습니다.

그런데요. 그런 제품, 가게, 아이디어가 저렴한 광고비를 사용한 마케팅을 통해 꼭 필요로 하는 고객을 만날 수 있게 된다면 어떨까요? 대박까지는 아니더라도, 당장 생존할 수 있을 정도의 매출이 생기면 어떨까요? 그 생존을 발판 삼아 뒷일을 도모할 수 있으면 어떨까요?

이제부터 스타트업이 초기 사업은 작동하나 아직 수익은 없는 기간인 데스밸리Death Valley를 빠져나와 시장에 무사히 안착할 수 있길 바랍니다. 앞서 말했듯 데스밸리는 자금 사정이 가장 안 좋을 때라 대부분 스타트업이 이 고비를 넘지 못하고 폐업하기 쉽거든요. 하지만 이 책을 읽고 실천한다면 그럴 확률은 현저히 줄어들 것이라 확신합니다. 그럼 지금부터 10만 원 마케팅을 소개하겠습니다. 자, 시작해볼까요?

김기현

CONTENTS

PART 3 실전 10만 원 마케팅 채널, 이렇게 활용해 봅시다

당신이 몰랐던
획기적인 마케팅,

PART 1

10만 원 마케팅이란
무엇일까요?

사짜 마케팅 사례로 알아보는
10만 원 마케팅의 실체

한마디로 10만 원 마케팅이란 무엇일까요? 어떻게 설명해야 가장 잘 전달이 될 것인지 고민했는데요. 백문이 불여일견百聞不如一見이라고 실제 월 광고비 10만 원을 사용해서 수익을 내는 사례부터 소개하겠습니다.

제 본업은 마케팅 대행사 운영입니다만, 2023년부터 이 책을 쓰는 지금까지 사이드 프로젝트로 하는 사업이 하나 있습니다. 바로 '사짜 마케팅'이라는 교육 프로그램인데요. 사기꾼을 부를 때의 사짜가 아니라, 뒤에 '사士'가 붙는 직업에서의 그 '사' 자입니다. 즉, 변호사, 의사, 회계사, 세무사, 변리사, 감정평가사, 노무사, 관세사 등 국가 공인 자격증을 취득한 전문직인 분들을 말합니다. 이분들을 대상으로 사업과 마케팅 전반에 관해 교육 및 컨설팅을 하고 있습니다. 그렇다면 저는 어떻게 월 광고비 10만 원으로 전문직이신 분들이 제 교육 프로그램에 참가하게 했을까요? 그 이야기를 하기 전, 먼저 사짜 마케팅을 시작하게 된 배경부터 말씀드리겠습니다.

마케팅 대행사를 운영하는 저는 다양한 클라이언트와 교류하고 있습니다. 그 가운데 저와 9년째 인연을 이어가고 있는 전문직이신 한 분이 계셨습니다. 지금부터는 이분을 '선생님'이라고 칭하겠습니다. 여느 때와 다름없이 저는 선생님이 하시는 사업의 광고 대행을 도와드리고 있었는데, 어느 날 갑자기 선생님이 대뜸 은퇴를 하시겠다고 말씀하셨습니다. 돈도 벌만큼 벌었기에 이제는 그냥 사업을 접고 은퇴하시겠다는 것이었습니다. 그런데 선생님에게는 죄송하지만, 저는 선생님이 은퇴하지 않으셨으면 싶었습니다. 제 회사 매출의 일각을 차지하고 계시니까요. 하지만 이미 은퇴를 하고자 마음먹으신 것 같아서 어떻게 해야 은퇴를 막을 수 있을지 고민 끝에 말을 꺼냈습니다.

"선생님, 그러면 본업은 은퇴하시는 대신에 후진 양성을 하시는 건 어떨까요? 여태까지 전문직으로 활동하시면서 성공한 노하우로 교육 컨설팅을 하면 후배 전문직 분들에게 큰 도움이 되지 않을까요? 선생님은 몸만 오셔서 강의와 컨설팅만 해주세요. 사람 모으는 건 제가 다

도맡겠습니다."

　다행히 선생님은 새로운 사람을 만나는 걸 좋아하시고, 후배들을 가르치는 것을 매우 좋아하는 분이십니다. 그래서 업무 외로 따로 시간을 내서 교육 프로그램을 함께 만들게 되었습니다. 선생님은 전문직 코칭을 담당하셨고, 저는 마케팅을 가르치는 형태로 분업해서 말이죠.

사짜마케팅 6개월 광고비

　저는 메타 스폰서 광고만을 사용해 수강생을 모집했습니다. 이미지의 우측 상단을 보면 2023. 6. 1~2023. 12. 31이라고 기간 표시가 되어 있죠? 아래로 내려서 광고 지표의 지출 금액을 보면 83만 8,687원을 광고비로 사용했습니다. 기간은 반년이니 나누기 6을 하면 한 달에 광고비로 약 13만 9,781원을 썼다는 걸 알 수 있습니다. 정확히 월 10만 원은 아니지만, 월 10만 원대로 광고를 한 셈입니다.

　월 13만 9,781원의 광고비를 써서 이뤄낸 광고수익률ROAS, Return On Ad Spend, 로아스은 어떨까요? 저는 사짜 마케팅을 달마다 1회씩 기수 제로 운영했습니다. 사진으로 보여드린 2023년 6월부터 12월을 기준으로 잡으면 프로그램을 총 6번(6기) 진행했다는 의미입니다.

기수당 참가하는 수강생은 5명이었습니다. 일부러 5명 제한을 뒀는데요. 단순히 수업만 진행하는 교육이 아니라 교육 후 실습하고, 과제를 검사하는 형태의 수업입니다. 수업을 진행하면서 소수도 모집해 보고 다수도 모집해 봤으나 점검 및 결과 피드백을 위해서는 5명이 적정 인원 수로 판단되어 매 기수 5명씩만 모집했습니다. 1달 동안 교육 및 컨설팅을 해주는 비용으로 55만 원을 받았고요.

즉, 1기수당 275만 원의 매출이 발생했고, 6기까지 진행했으니 총매출은 1,650만 원이 됩니다. 광고비 84만 원을 사용해 1,650만 원의 매출을 일으켰으니 광고수익률은 1,964퍼센트가 됩니다. 사이드 프로젝트로 시작한 것치고는 괜찮은 성과였습니다.

물론 처음부터 '사짜 마케팅 프로그램의 10만 원 마케팅'이 잘 된 건 아닙니다. 가장 이상적인 고객을 만나기 위해, 이 고객에게 최선의 서비스를 제공하기 위한 저와 선생님의 노력과 시행착오가 있었습니다. 앞서 말한 인원을 5명으로 한정한 것도 그 시행착오로 낸 결과 중 하나입니다. 여러 사람을 모아놓고 강의하는 편이 더 좋은지, 소수 정예로 하는 편이 더 좋은지 경험을 한 끝에 5명이 가장 적당하다고 판단되어

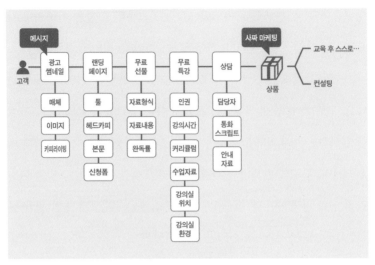

사짜마케팅 린 프레임워크

서 소수 정예로 굳히게 된 것이죠.

그 결과, 사짜 마케팅의 린 프레임워크를 완성할 수 있었습니다. 린 프레임워크란 돈과 시간 사용에 있어 최대한 낭비를 줄이고 자원을 효율적으로 사용하는 기업 창업과 운영 방식을 의미합니다. 모험가가 보물을 찾을 때 보물 지도를 보면서 계획을 짜듯이, 저는 10만 원 마케팅을 실행할 때 사업의 전체를 표현한 프레임워크를 작성하고 일을 시작합니다.

프레임워크 이미지를 보시면 고객이 광고를 보고 움직이게 되는 동선, 동선마다 소비자 만족을 위해 제가 해야 할 일들까지 한눈에 볼 수 있습니다. 저는 광고를 만들어서 클릭한 고객에게 무료 선물(정보)을 주겠다고 제안하고, 이를 받은 고객을 대상으로 직원이 상담했습니다. 그러면 전문직 분들이 교육 프로그램에 등록했고, 1달간의 교육 과정이 끝나면 고객은 저와 선생님에게 배운 걸 직접 실천하면서 매출을 올리거나, 따로 컨설팅을 신청해 저희의 도움을 받아 가며 매출을 올렸습니다.

이 전체 프로세스가 원활하게 진행되도록 광고와 관련해서는 가장 효율이 잘 나는 매체를 찾아 이미지와 카피를 바꿔가며 광고 효율을 냈고, 랜딩 페이지를 수정하며, 자료를 다듬고, 강의할 때 몇 명에게 어떤 내용으로 어느 장소에서 몇 시간 이야기하고 무슨 자료를 주는 것이 좋은지를 끊임없이 경험을 통해 시행착오를 줄여나갔습니다.

이 사업의 A to Z를 설계하기 위해서 가장 먼저 제 주변의 전문직 지인들을 인터뷰하였습니다. 타깃 고객인 전문직 분들이 평소 어떤 고민이 있고, 어떤 수업과 컨설팅을 원하는지 알아야 그분들의 마음에 쏙 드는 프로그램, 꼭 받아보고 싶은 자료, 그들이 클릭하지 않고서는 못 배기는 광고를 만들 수 있을 테니 말이죠.

선생님도 전문직이므로 맨 처음에는 선생님을 인터뷰하고, 다음으로 지인들을 인터뷰해서 일단 초보적인 단계의 린 프레임워크를 완성했습니다. 당연한 말이지만, 맨 처음 완성한 린 프레임워크는 지금 제가 보여드린 이미지와는 많은 부분이 달랐습니다. 모객 부분까지는 거의 비슷하지만 신청자들을 바로 컨설팅하는 구조였습니다.

일단 인터뷰에 응해준 전문직 지인들과 그 지인들의 지인인 전문직 분들을 초빙해서 테스트했습니다. 식당으로 치자면 일종의 임시개업을 한 셈이지요. 그런데 예상보다 전문직 분들의 반응이 열렬하지 않았습니다. 왜 그랬을까요? 지금 이 '왜'라는 질문이 정말 중요합니다. '나는 좋다고 생각했는데, 왜 고객은 내가 기대한 만큼의 열렬한 반응을 일으키지 않을까?' 이처럼 사업은 고민, 의심의 답을 찾아가는 과정이라 봐도 과언이 아닙니다.

그 이유를 테스트에 참여해 준 고객분들을 통해 알 수 있었는데요. 전문직 분들은 대개 공부를 잘하고, 머리가 똑똑하며, 의심이 많습니다. 그래서일까요? 상대가 하는 말이 자기 입장에서 완전히 이해되지 않으면 행동하지 않는다는 공통점이 있었습니다. 저와 선생님이 A를 말했을 때, 이 A에 대한 원리를 이해하고 스스로 납득해야 의견을 받아들이고 행동하는 성향이 있었습니다.

또한 그분들이 사무실을 개업할 때 가장 많이 참고하는 레퍼런스(음

악, 영화, 디자인 등 예술적 창작물을 만들 때 참고로 하거나 영향을 받은 다른 창작물을 의미)는 '먼저 개업한 선배님들이 해주는 조언'이었습니다. 변호사는 변호사 나름대로, 세무사는 세무사 나름대로 먼저 개업한 선배들이 어떤 식으로 고객을 만나 일을 수임하고, 어떤 식으로 조직 관리를 하는지 여러 선배가 말해주는 조언 중 원리가 이해되고 납득이 가는 공통분모를 벤치마킹해서 그대로 따라 하는 경향이 강했습니다.

그런데 선생님이 성공한 방식은 일반적인 방식과는 다른 부분이 많았습니다. 예를 들어, 선배들은 "고객에게 친절해야합니다.", "고객의 이야기를 잘 들어주고 공감해 주어야 합니다."라고 말하는데, 선생님은 컨설팅하면서 "고객에게 친절하게 대할 필요는 없습니다.", "고객의 이야기를 들어주지 마세요. 하소연을 한다면 말을 끊고 내가 할 말을 먼저 전달해주세요."라고 하셨습니다. 그러니 수강생 입장에서는 어리둥절할 수밖에 없겠지요.

사실 설명을 덧붙이면 다 납득이 가는 주장입니다. '고객에게 친절하지 말라, 이야기를 들어주지 말라'는 건 매너를 갖추지 말라는 뜻이 아닙니다. 고객에게 진정 필요한 건 그들의 문제를 빠르게 해결해 주는 것이므로, 단도직입적으로 문제에 대한 대처방안과 어떻게 해결해 나갈 것인지 로드맵을 빠르게 설명하고 돌려보내라는 의미였습니다.

결국 미팅 시간을 최대한 단축해서 하루에 2명 상담할 것을 5명까지 상담하면 매출이 더 는다는 논지였습니다.

전문직 고객들에게는 '말 이면의 원리를 이해하게 도와야 한다'는 사실을 깨닫고 나서부터는 바로 컨설팅을 진행하지 않고, 4주 특강과 상담을 넣어서 원리에 대해 상세하게 해설하며, 실습으로 개인적인 궁금함을 속 시원하게 풀어주는 시간을 추가했습니다. 그러자 사짜 마케팅 교육 프로그램을 수강하겠다는 사람이 훨씬 많아졌습니다.

이런 체계가 갖춰지기 전에는 1기수 5명을 모집하기 위해 월 10만 원이 넘는 광고비를 써야 했으나, 몇 번의 시행착오 끝에 린 프레임워

사짜 마케팅 최적화 이전 광고 소재

크 전체를 최적화하고 나서는 소수의 사람만 모아도 정규 교육 프로그램에 등록하겠다는 전문직 분들의 비율이 높아지니 광고비를 월 10만원보다 적게 써도 5명의 수강생은 금방 모였습니다. 이렇듯 최적화 이후부터는 앞에서 보여드린 6개월간 광고 수익률 1,964퍼센트가 가능했던 것이죠.

제가 린 프레임워크 최적화를 위해 했던 몇 가지 사례를 더 보여드리겠습니다. 모객할 때 메타 광고만을 사용했다고 말씀드렸는데요. 보시다시피 처음에는 '전문직의 매출 상승'에 초점을 맞춰서 광고했습니다. 이 광고의 결과는 어땠을까요?

최적화 이전 상담신청 DB

사실 광고성과 자체는 괜찮았습니다. 많은 분이 신청해 주셨거든요. 그런데 지금 보시면 4개월 차에 보험설계사 한 분이 사짜 마케팅에 관심이 있다고 상담 신청을 하셨습니다. 그렇습니다. 제가 말하는 전문직과 페이스북, 인스타그램에서 제 광고를 본 사람이 인식한 전문직이 서로 달랐던 것이죠. 실제 보험설계사 외에도 개발자(프로그래머), 학

사짜 마케팅 최적화 이후 광고 소재

원 원장님들도 상담 신청을 하셨습니다. 제가 생각한 전문직은 국가 공인 자격증을 취득한, 뒤에 사±짜가 들어간 전문직이었는데, 이분들은 자기 업계의 전문가를 전문직이라고 여긴 것입니다.

이러한 혼선을 없애기 위해 저는 광고를 바꿨습니다. 의미전달에 혼선을 줄 수 있는 '전문직'이라는 용어를 정확하게 '변호사, 세무사'로 바꾼 것이지요.

그 결과, 보시다시피 상담 신청 DB의 정확도가 크게 나아졌습니다. 대부분 변호사, 세무사가 신청해 주셨고요. 세무사, 변호사 광고를 보고도 노무사, 행정사, 회계사 분들도 상담 신청을 했지만, 그들 역시 우

	전화번호	이메일	내용		직업
	010	@ kr	잠재고객을 만드는 방법에 대한 고민이 큽니다. 지금까지 마케팅 강의를 들어본적은 없습니다. 장비를 구매하여 영업환적은 있습니다. 다만, 오래갈 수 없었습니다 직접 잠재고객/미디어들이 없어서 영업되는 프로세스를 구축하고 싶	0	세무사
	010	@gmail.com	세별법이 필요하다고 생각해 신청하게 되었습니다. 전문직은 실력!	0	세무사
	010-	@naver.com	다방면으로 노력하고 있으나 매출이 정체	0	세무사
	01C	@naver.com	할지 어떻게 운영을 해야할지 길이 안잡힙니다. 거래처가 조금이라!	0	세무사
	010	@naver.com	개업후 업무를 배우어 꾸준히 미팅을하여 겨우 25개정도 거래처를 아직 생활비와 운영비에 못미치고 적자상태 입니다. 서 하는 교육을 꾸준히 듣고 공부하고 있습니다.대부분 업무방법 째서 99프로가 블로그를 통해 전화온것 입니다.그의 영업을 위한 제 확보를위해 여것저것 없은것들을 시도해보았고 우연히 이 글을보가	0	세무사
	010	@ kr	세무사이용 동기들 중 본인 포함 2명 빼고 전부 개업 개업한 친구들도 막히 드라마틱한 고객확보는 못한 것으로 보임 목으로 스페셜라이즈 해서 어느 지역에서 헤어화는 고민중에 있을 김장다니웃이 오피스 밀집 지역, 지식산업센터들 분위기 보며 돌아	0	세무사
	010-	@hanmail.net	매출처라	0	세무사
	010-	@naver.com	현재 성장을 하고 있으나, 더 큰 성장을 하고 싶습니다	0	세무사
	010	@naver.com	다. 이 고 c 등 강의를 들으면 항목해보았 도의 시스템이 정말 부산에도 적용되는것인가하는 의문이 들어	0	세무사
	010-	@naver.com	1. 나의 현재 상황 었인에 파트너 노무사로 있습니다(경기도, 안양) 성과에 따라 법인의	0	노무사
	010	@naver.com	시간 정체되어 있는 사무실의 상황에서 탈피해서 더 성장하고 싶습 나의상황)	0	세무사
	010	@naver.com	저는 현재 세무사경력 10개월차, 개업4개월차에 거래처13개정도	0	세무사

최적화 이후 상담신청 DB

리의 타깃 고객이었기에 아무런 문제도 되지 않았습니다.

광고를 클릭하면 넘어가는 랜딩페이지는 노션(www.notion.so)을 통해 제작했습니다. 랜딩페이지 역시 계속 카피를 수정해서 상담 신청하는 사람의 수를 늘리려고 애썼습니다. 그 결과, 지금처럼 헤드라인 타이틀은 '월 매출 1,000만 원 이하 전문직을 찾습니다'로 정착했고요. '3분만 시간을 내주시기 바랍니다'라는 문장으로 시작해서 전문직들의 평소 행동과 우리의 테스트 내용을 글로 풀어서 공감을 얻었습니다. 본문도 여러 내용을 테스트했는데, 결론적으로 글을 읽었을 때 전문직 분들이 '엇! 이거 내 이야기인가?' 하고 공감할 수 있는 글이 가장 자료 신청률이 높았습니다.

중간에 있는 '시스템 자료집 신청하기'를 누르면, 자료를 신청할 수 있는 구글 설문조사로 넘어갑니다. 처음에는 이 버튼을 랜딩페이지 하단에 1개만 넣었는데 신청률이 낮아서, 글 중간 중간 반복해서 넣어주니, 신청률이 더 올라갔습니다. 이것도 여러 번 시도한 끝에 알게 된 노하우입니다.

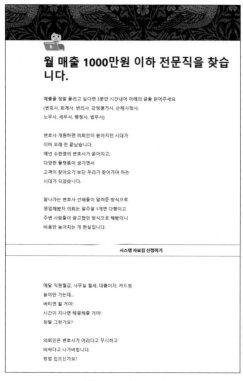

사짜마케팅 랜딩페이지

[매출 월 1000만원이하 벗어나는 시스템] 가이드북 신청서

안녕하세요 전문직 여러분!
[매출 월 1000만원에서 벗어나는 시스템] 신청서 작성을 안내해 드리겠습니다.
신청서를 작성한 분들에게는 순서대로 가이드북이 전달될 예정이니 충분한 시간을 들여 꼼꼼히 작성해주세요.

*본 가이드북은 언제든 예고 없이 중단 될 수 있습니다.

▢ 계정 전환   ☁
🖂 비공개

* 표시는 필수 질문임

가이드북을 받기 위한 자신의 상황을 알려주세요 *

○ 사무실을 개업했고, 1년 이내이다.

○ 사무실을 개업하지 않았고, 1년이내 창업 할 예정이다.

○ 개업한지 오래 되었으나, 매출이 기대보다 낮다.

성함을 적어주세요 *
성함을 임의로 적으실 경우 자료집 전달에서 제외 될 수 있습니다.

내 답변

연락처를 적어주세요 *
연락처가 맞지 않을 경우 자료집 전달에서 제외 될 수 있습니다.
Ex) 010-0000-0000

내 답변

사짜마케팅 신청폼

설문조사 양식도 처음에는 간단하게 자료를 받아볼 수 있는 성함, 연락처, 이메일 주소만 수집했습니다. 그러자 자료만 받으려고 본명과 연락처는 안 적고 이메일만 적는 분이 계셔서 '모든 항목을 올바르게 작성해야 자료를 드릴 수 있다'는 안내문을 추가했습니다.

그리고 자신의 상황과 고민하는 부분을 추가로 요청하자, 저희 회사 직원이 전화 상담을 할 때 큰 도움이 되었고, 세미나에 참석하는 분들도 더 많아졌습니다. 이런 시행착오들이 합쳐지고 합쳐져서 '사짜 마케팅 프로그램의 10만 원 마케팅'이 정착했는데요.

지금 사례에서 알 수 있듯이, 10만 원 마케팅의 본질은 도전과 의심, 쉬운 변경을 통한 최적화입니다. 내가 판매하는 상품이 있고 고객이 있습니다. 고객과 상품을 연결하는 길이 바로 퍼널이고요. 방금 보여 드린 시행착오는 고객이 내 상품으로 편안하게 올 수 있도록 길을 평탄하게 갈고닦는 작업이기도 합니다. 모든 도로를 최적화하면 최적화할수록 광고를 보고 들어온 이들 중 상품 구매까지 가는 사람의 수가 점점 많아지기에 광고비는 점점 줄어들게 되고, 그 결과 10만 원 마케팅이 성립하게 됩니다.

물론 월 광고비 10만 원이 절대적인 기준은 아닙니다. 광고비는 사업 아이템에 따라 다 달라지니까요. 핵심은 '소액으로 광고하고, 최대한 돈을 아껴서 마케팅 효과를 본다'는 것입니다. 제가 보여드린 사짜 마케팅은 월 평균 광고비가 13만 9,781원이었지만, 실제로는 최적화 수준이나 광고를 집행하는 그때그때 상황에 따라 어떤 달은 7만 원에

모객이 완료되었고, 어떤 달은 20만 원을 써서 모집되기도 했습니다. 그러므로 '이 정도 광고비는 잃어도 타격이 없다' 싶을 정도의 소액으로 마케팅 효과를 보는 것을 목표로 하시길 바랍니다. 10만 원 마케팅에서 말하는 10만 원은 하나의 상징 같은 것으로 목표 광고비는 독자 여러분마다 달라질 수는 있겠지요.

지금까지 사짜 마케팅이라는 실제 사례를 통해 10만 원 마케팅이 무엇인지 간단히 소개했는데요. 계속 10만 원 마케팅에 관해 이어서 말씀드리겠습니다. 구체적으로 린 프레임워크를 설계하고 최적화하는 방법은 파트 2에서 설명하겠습니다.

2

당신이 버려야 할
마케팅과 관련한 고정관념

앞장에서 다양한 실험, 시행착오를 거쳐서 계속 도전하면 월 광고비 10만 원대로도 마케팅 효과를 볼 수 있다는 예를 보여드렸습니다. 그렇다면 충분히 가능한 일인데도 사람들이 도전하지 않은 이유는 무엇일까요? 다양한 이유가 있겠지만, 가장 큰 이유는 마케팅에 대한 고정관념 때문이 아닐까요?

저는 여러 대표님과 마케터를 인터뷰하면서 마케팅에 대한 도전을 방해하는 고정관념을 추적했습니다. 먼저 많은 사람이 마케팅할 때는 광고비가 많아야 한다고 여겼습니다. 못해도 100만 원 이상은 있어야 많은 사람에게 광고를 보여줄 수 있고, 많은 사람에게 광고를 보여주어야 상품이 팔린다고 말이지요.

또한 소중한 광고비를 써서 광고하는 만큼, 적당히 광고해서는 안 되고 광고 지표가 좋게 나오도록 소재, 설정값 세팅, 머신러닝 등에 온 신경을 기울여서 광고해야 같은 광고비를 쓰고도 더 성과 좋은 광고가 된다는 것에 집착하는 분이 많았습니다. 이는 자연스럽게 광고를 통해 유입, 노출, 구매, 신청 숫자가 높게 나와야 좋은 광고라는 인식으로 연결되었습니다.

어떤가요? 사실 아주 틀린 말은 아닙니다. 광고비는 많으면 많을수록 좋고, 광고지표 수치도 크게 나올수록 좋겠지요. 유튜브 콘텐츠에 출연하는 현직 마케터, 현직 대행사 대표님들도 이와 비슷한 말씀을 하시고 말이죠. 그런데 이런 고정관념에 잡혀있으면 안 됩니다. 자꾸 그러다 보면 완벽히 준비한 상태에서만 광고하려 하고, 광고 그 자체를 공부하게 되며, 공부를 파고들면 파고들수록 몸으로 직접 부딪치는 도전을 못 하게 됩니다. 어떤 면에서는 논리적인 허점도 있고요. 그러므로 지금부터 버려야 할 광고와 마케팅관련 고정관념을 4가지로 정리하겠습니다.

① 마케팅(광고)을 돈으로 하지 않겠다는 각오가 필요합니다

대다수 사람이 '광고=돈'이라는 공식에 익숙한 듯합니다. 사짜 마케팅을 보셔서 아시겠지만, 저희는 광고만 하지 않았습니다. 고객 인터 뷰를 통해 가설을 세우고, 베타 테스트(가 오픈)를 하면서 상품을 변경 했고, 그에 맞춰 상담 스크립트와 랜딩 페이지와 신청 폼과 광고 소재 모든 걸 계속 바꿨습니다.

이처럼 마케팅은 상품을 생산하고, 이 상품을 가장 필요로 하는 고객을 찾아 유통하기까지의 전 과정을 컨트롤하는 것입니다. 유능한 마케터는 단순히 네이버, 인스타그램, 유튜브에 해박하고 광고를 잘하는 마케터가 아니라 이러한 전 과정을 잘해내는 사람입니다.

그런데 왜 사람들은 마케팅하면 광고부터 연상하고, 광고하면 돈이 많이 필요하다고 여길까요? 아마도 마케팅의 여러 활동 가운데 가장 먼저 보이고, 화려하고 시선을 끄는 것이 광고라서 그런 것이 아닐까 싶습니다. 또한 사업하는 사람, 마케팅 종사자가 아닌 일반인들은 광고라고 하면 보통 TV CF 광고부터 떠올립니다. 그러다보니 자연스럽게 '마게팅=광고=돈'이라는 삼단논법으로 흘러가는 것이지요.

조금만 파고 들면 이 관점에는 오류가 있음을 알 수 있는데요. TV CF처럼 막대한 비용이 들어가는 광고는 아무나 할 수 없고 자본력이 있는 대기업만 가능합니다. 대부분 회사는 돈이 적은 소상공인인데 이들도 나름의 마케팅으로 상품을 알리고 돈을 벌고 있습니다. 이것만 봐도 광고는 돈으로 밀어붙이는 것이 아니라는 사실을 알 수 있지요.

이에 관해 저는 돈으로 시간을 사거나, 시간으로 돈을 사거나 둘 중 하나라는 말을 자주 합니다. 예를 들어, 제가 앱을 만든다고 한다면, 가장 빠르고 편한 방법은 돈을 써서 기획자, 개발자, 디자이너를 채용하는 것입니다. 이때 개발자를 한 명이 아니라 여러 명을 뽑는다면 더 빠르게 앱이 완성될 것입니다.

만약 돈이 없다면 시간으로 돈을 사야 합니다. 사장인 내가 직접 책을 읽으면서 코딩을 하나하나 배워서 앱을 만들고, 잘 구동이 안 되는 건 지식인이나 개발자 커뮤니티에 질문해 가면서 앱을 완성하는 것입니다. 결코 쉬운 길은 아니지만, 몇 년의 시간을 투자하면 직원을 뽑아 앱을 만든 것과 동일한 수준의 앱을 스스로 완성할 수 있게 됩니다. 이것이 시간으로 돈을 사는 것입니다.

마케팅 역시 마찬가지입니다. 돈이 많으면 대행사를 통해 네이버 광고, 메타 광고, 유튜브 광고, 라디오 광고, 신문 광고, TV 광고를 동시다발적으로 진행해서 최대한 많은 사람에게 알리고 상품을 판매하면 됩니다. 만약 제대로 된 상품이라면 단시간에 매출이 일어날 것입니다.

돈이 없다면 그만큼 시간을 써서 마케팅하면 됩니다. 내 상품은 무엇인지, 내 상품을 구매할 확률이 높은 고객은 누구인지, 고객이 무엇을 필요로 하는지, 어떻게 말해야 이들이 반응할지를 찾아내서 상품을 다듬고, 메시지를 바꾸며, 카피 문구를 새롭게 쓰고, 광고 소재를 바꾸며, 상담 멘트를 변경해서 10만 원의 비용만 써서 광고하면 됩니다.

물론 이 과정을 직원 한 명 없이 대표 혼자서 전부 다 하려면 상당한 시간을 쏟아부어야 할 것입니다. 빈말로도 쉽다고는 할 수 없는 길입니다. 그래서 대부분 대표님이 광고비를 많이 써서 무작정 노출량을 높여서 고객을 늘리려고 합니다. 하지만 이를 거꾸로 인식해야 합니다. 적은 사람이 보더라도 그를 내 고객으로 만들 수는 없을까요? 이게 가능하도록 사례를 수집하고, 분석하며, 어떻게 내 사업에 적용할 수 있을지를 궁리해서 가장 돈이 적게 드는 아이디어부터 하나씩 실천하면 됩니다. 이런 과정을 진행하다 보면 광고는 돈으로 하는 것이 아니라는 것에 깊이 공감할 수 있을 것입니다.

다시 말해 '광고는 돈으로 하는 것'이라는 고정관념에 도전하지 않으면 최대한 많은 사람에게 보여주려고 광고비를 많이 쓰게 되고, 광고비를 많이 썼는데도 충분한 고객이 모이지 않으면 광고비를 더 많이 쓰게 되는 악순환에 빠지게 됩니다. 이는 폐업으로 가는 가장 빠른 길입니다.

② 광고 지표, 광고 최적화에 집착하지 않습니다

광고하고 떼놓을 수 없는 것은 바로 광고 지표입니다. 유튜브에서 광고 잘하는 방법을 찾아보면 항상 나오는 전문용어가 있지요? 노출, 도달, 유입, 전환, 빈도, CPC클릭당 비용, CTR클릭률, CPM1000회당 노출비용, ROAS 같은 용어들 말입니다. 유튜브를 보거나, 마케팅 대행사와 미팅하면 광고 최적화, 광고 지표에 대한 이야기를 정말 많이 듣게 됩니다. 일일 노출, 도달이 최소 몇 이상은 나와야 하고, CPC는 50~400 사이로 나와야 하며, CTR이 3퍼센트 이상 안 되면 잘못된 광고이고, CPM은 얼마 이하여야 하며, ROAS는 못해도 300퍼센트 이상은 나와야 흑자라는 식으로요.

제가 마케팅 대행사에 취업해서 광고에 대해 막 배우기 시작할 무렵에는 저도 그렇게 생각했습니다. 그런데 지금은 스타트업 대표, 소상공인 사장님들을 교육할 때 이 복잡한 광고 지표, 머신러닝, 광고 최적

사짜 마케팅 광고 지표

화 같은 용어는 일단 잊으시라고 당부합니다. 왜 그럴까요? 예를 들어
보겠습니다.

앞 페이지의 이미지는 2023년 12월, 한 달간의 사짜 마케팅 메타 광
고 지표입니다. 광고비 27만 9,161원을 사용해서 노출 5만7803, 결과
당 비용 622원을 기록했습니다. 이 지표를 마케터에게 보여주면 어떤
반응을 보일까요? 십중팔구 '최악까지는 아니지만, 그렇다고 잘한 것도
없는 실패한 광고'라고 평가할 것입니다. 결과당 비용이 다소 비싸기
때문입니다. 더 여러 개의 광고 소재를 제작해 A/B 테스트를 했으면 결
과당 비용을 300원까지 낮춰서 똑같은 27만 9,161원을 쓰더라도 노출
을 더 증가시킬 수 있었을 것이라고 말할 것입니다. A/B 테스트는 변수
A에 비해 대상이 변수 B에 대해 보이는 응답을 테스트하고, 두 변수 중
어떤 것이 더 효과적인지를 판단함으로써 단일 변수에 대한 2가지 버
전을 비교하는 방법을 말합니다.

광고 최적화에 대해서는 더 할 말이 많을 것입니다. 저는 한 캠페인
에 4개의 광고 그룹을 두고, 그룹당 일 예산을 2,900~3,100원으로 설정
했습니다. 이는 마케터들 사이에서 공유되는 메타 광고의 정석에서 벗
어난 설정값입니다.

많은 마케터가 먼저 캠페인에 하나의 그룹을 만들고 광고 소재 4개

를 등록해서 일 예산 3만 원 이상으로 최소 3일 이상 광고를 진행합니다. 그래야 충분히 노출, 클릭이 되어서 메타 알고리즘이 머신러닝을 통해 광고가 최적화되며, 가장 성과가 좋은 소재에 광고비가 집중되기 때문입니다.

즉, 메타 광고를 깊이 공부한 마케터들이 봤을 때 저의 사짜마케팅 광고는 도무지 마케팅 대행사 대표가 만들 수 있는 광고가 아니며, 못 배운 초보 사장이 한 광고로 보일 것입니다. 하지만 저는 이 광고를 실패한 광고라고 인식하지 않습니다. 왜냐고요? 광고 최적화, 광고 지표로는 실패한 광고가 맞지만, 사업적으로는 성공한 광고이기 때문입니다.

해당 광고로 저는 약 28만 원의 광고비를 써서 전문직 고객 12명의 상담 신청을 받았습니다. 그리고 상담 결과, 5분이 정규 교육 프로그램에 등록해서 275만 원의 매출을 올렸습니다. 광고 최적화와 광고 지표를 따지는 마케터가 아니라 사업의 관점에서 보면 충분히 성공적인 광고입니다. '고객이 소수만 들어와도 괜찮은 상품이니까 그렇겠지?'라고 여기신다면 뒤에서 10만 원 마케팅의 다른 사례도 보여드릴 테니 조금만 기다려주세요.

여러분이 지표, 데이터를 신경 쓰기 시작하면 완벽한 광고를 만들어야 한다는 고정관념에 사로잡혀 마케팅 채널과 광고 그 자체만 계속 공부하게 되고, 그만큼 실천은 멀어집니다. 그러므로 광고 최적화, 광고 지표는 물론 중요하지만, 처음 마케팅을 시작하는 대표님이라면 당분간은 광고 용어, 지표에 관해서는 잊으셔도 됩니다.

가장 위험한 것은 내 광고를 동종업계 성공 사례와 비교하는 것입니다. 잘하는 곳과 비교하기 시작하면 끝이 없습니다. 그 대신 어제의 나와 비교하는 것이 차라리 낫습니다. "지난달 5만 원으로 광고했더니 ○○명의 고객이 광고를 보고 들어왔어. 오늘은 3만 원으로 비슷한 수치의 고객이 유입되었어." 이런 식으로 어제의 나의 성과와 비교하시길 바랍니다. 이를 또 ROI^{광고 대비 수익률}, ROAS 같은 광고 용어로 이해하지 않으셨으면 합니다.

사업은 광고 하나로 결정되는 것이 아닙니다. 광고에서 통제할 수 있는 변수는 예상외로 적습니다. 캠페인 목적, 타깃 설정, 이미지와 카피라이팅 정도를 변경할 수 있는데, 테스트를 통해 최선의 조합을 발굴해 그대로 광고를 만들어도 적은 돈을 써서 최대한 많은 사람이 내 랜딩 페이지를 조회했다는 결과 정도만 만들 수 있습니다.

내가 판매하는 제품이나 서비스 혹은 가게를 고객에게 알리는 첫 시작은 분명 광고가 맞고, 적은 돈을 써서 최대한 많은 고객을 데려오는 광고가 좋은 광고인 것도 맞습니다. 하지만 그 이후부터는 광고의 영역이 아닙니다. 광고를 통해 모집한 고객에게 어떻게 다음 단계를 안내할지 동선을 설계하고, 퍼널마다 나와 직원이 어떻게 서비스하느냐에 따라 사업 전체의 성과가 달라집니다.

이는 광고관리자에서는 볼 수 없는 데이터이기 때문에 광고 최적화, 광고 지표에 지나치게 신경 쓰지 마시라는 것입니다. 광고에만 주의를 기울이고 나머지 부분을 소홀히 해서 많은 광고비를 써서 많은 고객을 데려오려고 하지 말고, 광고 외적인 부분의 준비를 완비한 다음 적은 광고비를 써서 적은 고객을 데려와도 목표를 달성해야 합니다. '광고라는 전투에서 승률이 좀 낮더라도 사업이라는 전쟁에서는 반드시 승리하겠다'는 마인드를 가지시기 바랍니다.

③ DB(고객 정보) 수량에 집착하지 마세요

저는 광고 최적화의 법칙을 무시하고 일 예산 5,000원의 광고비를 사용했습니다. 이때 하루 평균 상담 신청 DB가 2건 들어왔습니다. 이것도 마케터 입장에서 보면 좋은 광고라 말하기는 힘듭니다. 능숙한 마케터는 광고 최적화를 통해서 일 예산 6만 원을 사용해 결과 당 비용 180원으로 적게는 30개에서 많게는 50개 정도의 상담 신청 DB를 만들 수 있기 때문입니다.

앞서 지금부터는 자신을 동종업계 성공 사례와 비교하지 말고, 어제의 자신과 비교하자고 말씀드렸죠? 똑같은 사업 아이템을 하더라도 매장의 크기, 직원 수의 차이, 사용할 수 있는 시간 등 구체적인 상황과 조건은 각자 다를 수밖에 없습니다. 사짜 마케팅은 저의 본업이 아닌 사이드 프로젝트로 한 기수에 5명의 신청자만 모집했기에 광고비를 늘려서 하루 50개의 DB를 모집할 필요가 없었습니다.

만약 다수의 수강생을 모집해야 하는 교육 프로그램이고, 상담 직원을 여러 명 둔 회사라면 일일 광고비 6만 원을 사용해 50개의 DB를 획득하는 것이 더 유리할 수도 있을 것입니다. 이 정도 규모가 되는 회사라면 월 광고비 180만 원도 소액 마케팅의 범위 안에 들어갈 테고요.

DB 수량도 그렇고, 광고 지표도 그렇고 숫자가 크다고 무조건 좋은 것이 아닙니다. 사실 광고 지표와 DB 수량을 키우는 방법은 간단합니다. 특정 대상만을 핀 포인트로 노린 광고가 아니라 대중을 향한 광고를 만들면 많은 사람에게 노출되기에 숫자도 커지고, 그만큼 신청률도 올라갑니다. 대신 니즈가 적은 사람도 신청하기에 상담하는 직원들은 괴로움을 느낄 수밖에 없습니다. 그러므로 무조건 숫자의 크기를 키우는 것보다, 남들과 비교하는 것보다 어디까지나 나를 기준으로 내 회사에 필요한 DB 수량이 몇 개인지를 알아야 합니다. 그리고 가장 적은 광고비를 써서 그 숫자만 딱 만족하면 됩니다.

④ 마케팅 채널에 집착하지 않습니다

저는 심지어 마케팅 채널에 대한 집착도 버리시라고 말합니다. 제가 스타트업 대표, 소상공인 사장님, 예비 창업자들을 만나면 항상 듣는 질문이 있습니다. "요즘 유튜브가 가장 핫하던데 유튜브 해야 하나요?"라는 것입니다. 참고로 몇 년 전에는 유튜브 대신 인스타그램을 물어봤고, 그 이전에는 다들 블로그를 해야 하냐고 물어봤었습니다.

사업하는 사람은 누구나 가장 대세인 마케팅 채널을 따라야 한다고 여기는 경향이 있습니다. 블로그가 유행했을 때는 블로그를, 인스타그램이 대세일 때는 인스타그램을, 유튜브가 가장 핫하니까 유튜브를 해야 한다는 것이지요. 물론 심정은 충분히 이해합니다. 그야 같은 사업을 하는 동종업계 사장님은 블로그 해서 돈 벌었다더라, 인스타그램 보고 고객이 방문한다더라, 유튜브 덕분에 매출이 몇 배가 증가했다는 사연을 들으면 당연히 따라 하고 싶은 것이 사람의 심리니까요.

그럼 저는 같은 답변을 드릴 수밖에 없습니다. 타인의 성공 사례를 기준으로 두지 말고, 어디까지나 나를 기준으로 판단했으면 합니다. 예를 들어 유튜브를 하면 사업에 도움이 된다는 걸 모르는 분은 안 계실 것입니다. 그런데 대표인 내가 얼굴이나 목소리를 드러내는 걸 싫어하고, 동영상 촬영과 편집이 즐겁지 않으면 어떨까요? 억지로 하려다가 상처만 받고 중도 포기할 가능성이 클 것입니다.

내가 글 쓰는 걸 좋아한다면 블로그를, 사진 촬영을 좋아한다면 인스타그램을 하면 되고요. 끼가 많고 영상 편집이 재밌으면 유튜브 방송을 하면 됩니다. 많이 알려야지만 고객을 만들 수 있는 사업이 아니라, 적은 사람에게 노출해도 고객을 만들 수 있는 사업 시스템을 만들어두면 매체는 큰 문제가 되지 않습니다.

대한민국 사람의 스마트폰에는 대부분 네이버, 인스타그램, 유튜브 앱이 깔려 있습니다. 내가 자신 있는 분야가 텍스트든, 이미지든, 영상물이든 하나를 골라서 꾸준히 해나가면 얼마든지 고객과 만날 수 있다는 의미이기도 합니다. 장기적으로 회사를 크게 키워나가기 위해서는 직원을 채용해 모든 마케팅 채널을 공략하는 것이 맞겠지만, 나 혼자 처음 시작할 때는 주변에서 '이게 지금 가장 핫하다, 무조건 이거 해야 돈 번다'는 말에 휘둘리지 않아야 합니다. 내가 자신감을 가지고 재미있게 할 수 있는 것에 최우선으로 도전하고 차차 확장해 가면 됩니다. 언제나 중요한 건 생각으로만 끝내는 것이 아니라, 직접 실천해서 하나씩 배워나가는 것입니다!

지금까지 마케팅에 대한 도전을 가로막는 고정관념에 대해 말씀드렸습니다. 읽고 나서 마음이 좀 편해지셨나요? 저 역시 한때 이런저런 고정관념에 사로잡혀 있던 때가 있었습니다. 저는 마케팅 대행사 직원이었기에 클라이언트에게 전문적인 서비스를 제공해야만 한다는 책임감이 있었습니다. 그래서 정말 열심히 마케팅 전문용어와 마케팅 채널을 공부했고, 공부하면 할수록 좋은 광고는 이래야만 한다는 고정관념에 빠져들었습니다.

지금 제가 만나는 스타트업 대표님, 소상공인 사장님 역시 마찬가지입니다. 다들 마케팅을 정말 잘하고 싶다는 마음이 있으니까 그만큼 정보를 알아보고, 공부하며, 노력합니다. 그런데 신기하게도 마케팅은 배우면 배울수록 시작을 잘 안 하게 되는 측면이 있습니다.

블로그에 글 하나 쓸 때도 내가 키워드를 잘 선정했는지, 사진 메타 값에 문제는 없는지, 유사 중복 문서는 아닌지, 본문에 실수로 유해 키워드를 넣지는 않았는지 신경 쓰게 되고, 메타 광고를 할 때도 여러 가지 광고 지표를 고민하느라 '내가 지금 잘하고 있는 걸까?' 하는 걱정이 앞서서 행동을 안 하게 됩니다. 불안함이 앞서서 결국 전문가에게 맡기자는 생각에 광고 대행사를 찾으면서 점점 더 도전을 안 하게 되는 것입니다.

배우는 이유는 행동하고 실천하기 위함인데, 배움으로써 오히려 고정관념에 사로잡히고 도전하지 못하게 되는 역설이 있는 셈입니다. 하지만 마케팅 역시 사업의 다른 분야와 크게 다르지 않습니다. 키워드와 상위 노출 로직을 잘 몰라도 오늘 블로그에 글 한 편을 써보고, 인스타그램에 사진 한 장을 올려보며, 유튜브에 동영상 한 편을 업로드하면서 하나씩 하나씩 배워나가는 것입니다.

이렇게 직접 해보면서 알게 된 것은 여러 책을 읽고 강의를 들으면서 알게 된 지식과는 다릅니다. 마치 유년기에 배운 자전거 타는 법을 지금도 잊어버리지 않는 것처럼 쉽게 잊히지 않습니다. 그 상태에서 책과 강의를 들으면 더 많은 것들이 보이기도 하고요.

이제는 '광고비가 많아야 한다, 마케팅 채널 선정을 잘해야 한다, 광고 최적화를 잘해야 한다, 광고 지표가 좋게 나와야 한다, DB 수량이 많아야 한다' 등 채우려는 마음을 내려놓고 다 비운 상태로 자유롭게 시작해 보세요.

내 상품과 고객을 연결하는 길을 만들고 하나씩 하나씩 정비하면 여러분도 10만 원 마케팅으로 이상적인 고객을 원하는 만큼 만날 수 있을 것입니다. 여러 번 말했지만, 중요한 건 남과 비교하지 않는 자세입니다. 업계 성공 사례와 비교하지 말고, 어제의 나와 비교하면서 한 걸음 한 걸음 앞으로 나아가기 바랍니다.

3

그렇다면 왜 10만 원 마케팅을 만들게 되었을까요?

이쯤에서 제가 10만 원 마케팅을 창시하게 된 배경에 대해 말씀드릴까 합니다. 이제부터 10만 원 마케팅의 기본 개념과 실무에서 10만 원 마케팅을 활용하기 위한 프레임워크에 관해 말씀드릴 텐데요. 그 전에 어떻게 10만 원 마케팅이 만들어졌는지 비하인드 스토리를 알게 되면 이해를 더 도울 수 있으니까요. 그리고 여러분이 저, 김기현이라는 사람에 대해 조금 더 알아주셨으면 하는 마음도 있습니다.

돌이켜보면 제 삶은 마케팅과 매우 밀접한 연관이 있었습니다. 청년 시절부터 늘 사업가를 꿈꿔왔습니다. 성인이 되고 나서 친구들은 대게 회사에 취업했지만 저는 김밥 장사, 헌책방 사업, 구두 쇼핑몰 등 장사부터 시작했습니다. 장사하면서 영업과 마케팅을 더 잘하고 싶어서 이

후 광고 회사에 취업했습니다.

제가 제대로 마케팅 전문성을 쌓을 수 있었던 계기는 이엠넷(www.emnet.co.kr)이라는 대형 광고 대행사에서 일한 덕이 큽니다. 그때만 하더라도 온라인 마케팅을 주력으로 코스닥에 상장한 회사는 이엠넷이 유일했습니다. 저는 그곳에 AE^{Account Executive}로 입사해서 영업을 통해 신규 광고주를 유치하고, 광고 대행과 관리까지 책임졌습니다.

회사 규모가 제법 있는 종합 광고 대행사였기에 대형 클라이언트를 여럿 만날 수 있었고, 저는 광고주의 소중한 광고비를 통해 네이버, 다음, 구글 등 검색엔진 광고부터 페이스북, 인스타그램 SNS 광고에 이르기까지 정말 많은 채널에서 광고를 대행하며 경험을 쌓을 수 있었습니다.

이때 제가 하던 광고는 지금 이 책에서 말하는 10만 원 마케팅과 거리가 멀어도 한참 먼 것이었습니다. 광고비 예산이 넉넉한 분들과 일했기에 굳이 광고비를 아낄 필요가 없기도 했고, 또 광고 대행사 특유의 수익구조에 따른 이해관계도 있었습니다.

예를 들어 '파워링크'라는 네이버 키워드 광고 상품이 있습니다. 대행사는 광고주로부터 광고 예산과는 별개로 서비스 비용을 받을 것 같지만 실은 그렇지 않습니다. 광고주가 파워링크 광고에 100만 원을 소진했다고 치겠습니다. 이때 대행사를 통해 광고를 진행하면 광고주는 대행사에 따로 돈을 내지는 않고, 광고주가 쓴 100만 원의 일부 퍼센트를 네이버가 대행사에 지급하는 구조입니다. 그러면 대행사는 그 수익의 또 일부 퍼센트를 실무자인 제 인센티브로 지급했습니다.

지금에 와서는 참 부끄러운 이야기입니다만, 당시의 저는 이 인센티브를 굳이 사양하고 싶지는 않아서 광고비를 많이 쓰겠다는 광고주 앞에서 그렇게 하지 마시고 제발 광고비를 10만 원만 쓰자고 일부러 설득하지는 않았습니다. 그러다 잊으려야 잊을 수가 없는 첫 번째 충격적인 사건을 겪게 됩니다.

제품을 파는 한 클라이언트 분이 계셨습니다. 당시 저는 그분과 미팅하면서 블로그 체험단 마케팅을 하자고 제안해 드렸습니다. 그분이 물었습니다.

"그 블로그 체험단 광고를 하면 매출이 좀 올라가겠죠?"

예나 지금이나 체험단 마케팅은 안 하는 것보다는 하는 것이 이득인 편입니다. 물론 상품과 서비스마다 다르긴 하지만, 당시에 저는 가벼운 마음으로 "네, 하고 나면 매출이 오를 겁니다."라고 답했습니다.

이후 한 달이 지났습니다. 블로그 체험단 마케팅 결과 매출이 안 오른 건 아니지만, 크게 오르지도 않았습니다. 그런데 어느 날 저녁에 그분에게 전화가 걸려 왔습니다. 광고와 관련해서 하실 말씀이 있는가 보다 하고 전화를 받았습니다. 그분이 말씀하시길, 자기가 지금 한강 다리 위에 있다고 하시면서, 들리는 목소리는 마치 떨어지기 전에 마지막으로 저에게 전화를 건 것만 같은 뉘앙스였습니다.

저는 화들짝 놀라 자리에서 일어나 귀에 온 신경을 집중해서 전화기 너머의 소리를 들었습니다. 자동차가 지나다니는 소리, 거센 바람 소리를 들려오는 걸로 보아 진짜 한강 다리 위인 것만 같았습니다. 정신을 바짝 차리고 이분의 하소연을 한 마디도 놓치지 않고 들었습니다. 알고 보니 이 분의 사업은 대행사를 찾아오기 전부터 잘 안되고 있었는데, 어떻게든 기사회생을 해보고자 얼마 남지 않은 돈으로 대행사를 찾아와 광고비로 쓴 건데 큰 성과가 없으니 모든 걸 포기하고 싶다는 것이었습니다.

"대표님, 아직 끝이 아닙니다. 미리 단정하기는 이릅니다. 분명 찾아보면 더 할 수 있는 방법이 있을 것입니다. 그 가능성을 마저 시험해 보기도 전에 끝낸다면 후회만 남지 않으시겠어요? 저도 같이 한 번 방법을 찾아보겠습니다. 지금 어디에 계신 건가요? 미팅하면서 앞으로의 방향을 정리해 보시지요."

저는 계속 이분에게 말을 걸었습니다. 살면서 이렇게 필사적으로 누군가를 설득해 보기는 처음이었던 것 같습니다. 저의 간곡한 사정 끝에 사장님은 마음을 다잡으셨고 사업을 좀 더 이어가기로 했습니다. 이후 정말 다행스럽게도 그 사장님은 정부 관련 사업에 참여하여 많은 매출을 내게 되었다는 얘길 들었습니다.

이 사건을 겪은 것을 계기로 저는 광고주들에게 함부로 광고비를 많이 써서 광고하라는 말을 못 하게 되었습니다. 대행사 직원인 저는 광고주의 돈으로 최대 효율의 광고를 대행할 뿐이지만, 광고주에게 있어서 그 돈은 아주 중요하고 소중한 돈일 수 있겠구나 싶어서 말입니다. 이러한 경험을 통해 '소액으로 최대한의 마케팅 효과를 봐야 한다'는 생각의 싹이 트였습니다.

시간이 흘러서 저는 이엠넷에서 퇴사한 다음, 인스텝스라는 회사를 창업했습니다. 지금의 인스텝스는 광고 대행, 마케팅 교육 등을 하는 회사입니다만, 처음에는 앱을 제작하여 다양한 고객에게 도움이 되는 플랫폼을 만들려고 했습니다.

아시다시피 사업은 창업한 순간부터 숨만 쉬어도 돈이 나갑니다. 사무실 임대료, 비품 비용, 직원 월급, 식대, 세금 등…. 달마다 내야 할 고정지출이 있는데 제가 만든 앱은 수익을 내지 못했습니다. 정부 지원을 통해 받은 돈도 한계에 이르러 진지하게 폐업을 고민하던 때, 대행사를 다녔던 무렵의 광고주 한 분이 혹시 지금도 광고 대행을 하고 있다면 대행을 맡기고 싶다고 연락을 주셔서 저는 얼떨결에 "네, 하고 있습니다! 맡겨만 주십시오!"라고 대답했습니다.

그렇게 저는 돌고 돌아 마케팅 대행사의 대표가 되었습니다. 이엠넷을 다녔던 때와는 큰 변화가 있었는데요. 저 자신이 스타트업하면서 힘들었던 경험이 있다 보니, 여러 마케팅 대행 문의 가운데 이제 막 창업을 시작한 스타트업의 의뢰는 최우선으로 받기 시작했습니다.

대기업이면 모를까, 자금이 없는 스타트업은 한 번의 실패가 매우 치명적입니다. 기회는 1번 내지는 2번이라고 봐야 하는데 2번이면 엄청난 거고, 90퍼센트는 목숨 코인이 1개라고 봐야 합니다. 아니나 다를까 많은 스타트업 대표님이 제가 했던 실수를 그대로 하고 계셨습니다. 저는 제발 이분들이 저와 똑같은 실수를 하지 않길 바라고 있습니다.

그래서 마케팅 대행도 이분들의 사정에 맞춰 소액으로 할 수 있는 광고를 시작했고, 스타트업 대표님들만을 대상으로 따로 강의를 만들어서 제가 한 실수와 그 실수를 통해 배운 점을 알려드렸습니다. 그러자 스타트업 대표님이 다른 스타트업 대표님을 소개하면서 오늘날의 10만 원 마케팅 수업에 이르게 되었습니다.

스타트업 교육 현장

그리고 딱 이 시기에 잊으려야 잊을 수가 없는 두 번째 충격적인 사
건을 겪게 됩니다. 한 스타트업 기업에서 마케팅을 어떻게 하면 좋을

지 멘토링 요청이 온 것입니다. 저는 하루 날을 비워 한 달에 한 번씩 총 2회, 스타트업 대표님과 마케팅 부서 담당자를 만나서 멘토링을 진행하기로 계약했습니다.

이곳은 교육 스타트업이었는데 꽤 좋은 회사로부터 투자받아서 회사를 운영하고 있었습니다. 어떻게 광고하고 계시는지 데이터를 살펴봤더니, 마케팅 담당자가 있어서 그런지 데이터가 매우 좋았습니다. 회원 가입자 수도 많았고, 교육 상품도 잘 판매되고 있었습니다. 이제 막 시장에 정착하는 단계라 마케팅 담당자도 아이디어가 많아서 의욕적으로 여러 가지 테스트를 하고 있었고요.

광고 지표는 큰 문제가 없어 보여서 매출이 어느 정도인지를 물었습니다. 그러자 쓰는 광고비 대비해서 매출이 높지는 않다고 했습니다. 그러면 광고비를 줄여야 하지 않겠냐고 걱정스레 물어보자 대표님은 "투자받은 돈이 있으니 이걸 광고비로 활용해서 최대한 사람을 많이 모을 예정입니다."라고 답하셨습니다.

사업 아이템이 비슷한 경쟁사가 몇 군데 있기에 경쟁사에 고객을 빼앗기지 않으려면 공격적으로 광고해서 회원을 유치해야 하기 때문이라는 것입니다. 물론 투자금이 넉넉하면 광고비를 많이 쓸 수도 있겠지만, 오로지 경쟁사를 죽이기 위해 돈을 쏟아붓는 것이 과연 맞는 판단일까?' 싶어서 마음 한구석 찜찜한 기분이 사라지지 않는 미팅이었습니다.

두 번의 멘토링이 끝난 후 1년 정도 지났을까요? 어느 날 회사 오피셜 계정으로 메일이 한 통 왔습니다. '그동안 사랑해 주셔서 감사하다'며 폐업을 알리는 메일이었습니다. 바로 그 회사였습니다. 두 번째 멘토링을 할 때 광고비를 적게 쓰는 방향에 대해 조언을 드렸습니다. 그래서 대표님이 일단 투자금으로 광고비를 쓰시다가 이대로는 안 되겠다 싶으면 광고비를 줄이는 노선으로 갈아탈 거라 막연하게 기대했었습니다. 그런데 결과는 그렇지 않았던 것입니다.

일찍이 적은 광고비로 회원가입과 강의를 판매하는 도전을 해야 했는데, 이를 실행하지 않고 방치하니 투자금이 끊겼을 때 적자가 누적되어 폐업할 수밖에 없었던 것입니다. 머리로는 알고 있었으나, 그 결과를 두 눈으로 확인하게 된 건 매우 충격적이었습니다.

이러한 경험을 계기로 본격적으로 적은 광고비로 마케팅 효과를 보는 방법을 정리하기 시작했습니다. 다행히 저에게는 강의를 듣는 스타트업 대표님들이 계셨습니다. 제가 먼저 아이디어를 떠올리고, 이분들에게 과제를 내드리며, 과제를 피드백하면서 잘된 부분은 더 발전시키고, 실패한 부분은 같이 이유를 찾고 다른 방법을 시도하면서 10만 원 마케팅의 구체적인 방법론을 하나하나 정립해 나갔습니다.

그렇게 저와 스타트업 대표님 간에 공을 주고받으니 유의미한 성과가 나오기 시작했습니다. 한 예로 사업 아이템이 '헬스장 영업이 잘되게 도와주는 컨설팅'인 분이 계셨습니다. 이분은 헬스장 사업을 해본 경험이 있어서 어떻게 해야 헬스장의 매출이 오르는지 잘 알고 계셨습니다. 그런데 모든 헬스장 사장님이 전부 효과를 볼 수 있을지는 잘 모르겠다고 하셨습니다.

이 상태에서 실제 고객 대상으로 바로 컨설팅을 진행하기에는 무리가 있겠다 싶어서 자신의 솔루션에 확신을 가지는 것부터 시작하자고 말씀드렸습니다. 이를 위해 매일 세 곳의 헬스장을 다니면서 분석해보라는 과제를 내드렸습니다. 이 헬스장의 장점은 어떤 것이고, 아쉬운 점은 무엇이며, 어떤 점을 보완해서 어떻게 변화하면 더 좋은 헬스장이 될 수 있을지를 기록하는 과제였습니다.

놀라운 점은 이렇게 과제를 내면 성실하게 하는 수강생이 잘 없는데, 이분은 정말로 하루에 세 곳씩 헬스장을 다니기 시작해 1달 후 90곳의 헬스장을 분석한 리포트를 저에게 보여주셨습니다. 이러한 성실함에 놀라기도 했고, 과연 이분이 90곳의 헬스장을 다니면서 무엇을 얼마나 배웠을지 궁금해서 새로운 과제를 내드렸습니다. 저도 관리가 필요한 나이인 만큼 헬스장에서 운동하고 싶은데, 제가 사는 동네에 있는 모든 헬스장 중 어떤 헬스장을 가는 게 좋을지 추천해달라고 말이죠. 그러자 이 분은 제 동네의 모든 헬스장을 다 방문해서 딱 두 곳의 헬스장을 추천해 주셨습니다.

"김 대표님, 대표님 동네의 헬스장 중에는 이 두 곳이 제일 좋습니다. 그런데 둘 중에서도 저는 이 헬스장에서 운동하셨으면 좋겠습니다. 이곳이 1위, 남은 한 곳이 2위입니다."

이렇듯 베스트 1, 2위까지 정해주신 겁니다. 저는 추천 받은 헬스장을 두 곳 다 방문해 보았는데, 정말로 이분이 베스트1로 찍어준 헬스장이 가장 만족도가 높았습니다. '이 정도의 능력이면 정말 컨설팅을 시작해도 되겠다'는 느낌이 들어서 좋은 헬스장의 조건을 정리한 자료를 만들자고 제안했습니다. 그 자료를 다음 브런치(brunch.co.kr)에 올리자 메인에 노출되어서 9,000명이 포스팅을 읽었고, 많은 분들이 자료를 신청해서 3번의 미팅 요청이 들어오는 일이 생겼습니다.

어떻게 보면 광고비를 1원도 쓰지 않은 0원 마케팅에 성공한 셈인데요. 이를 옆에서 쭉 지켜보면서 '내가 하고 싶은 말을 하는 게 아니라,

소비자가 알고 싶은 것과 고민하는 것을 정리해서 보여주고 그걸 광고하는 것만으로도 적은 돈을 써서 마케팅이 가능하겠다' 싶었습니다.

이러한 깨달음은 10만 원 마케팅의 초석이 되었습니다. 그 이후에도 린 스타트업을 비롯한 다양한 책을 읽고, 다른 스타트업 분들의 마케팅을 도우면서 점차 10만 원 마케팅의 체계를 잡아나갔습니다. 그 결과, 이 책까지 쓰게 되었고요. 책은 몇 시간이면 다 읽을 수 있지만, 책을 내기까지는 이처럼 몇 년의 세월이 필요했습니다. 다음 장부터는 10만 원 마케팅의 가장 핵심이 되는 3가지 대전제에 관해 설명하겠습니다.

4

10만 원 마케팅,
그 안에 담긴 마케팅 철학

'기존 마케팅의 4가지 고정관념에서 벗어나야 한다'는 말 기억하시나요? '마케팅=광고=돈'으로 흐르는 고정관념에서 벗어나야 하고, 광고 최적화와 광고 지표에 대한 집착을 버리며, DB 수량이나 마케팅 채널에 대한 선입견을 버리라고 말씀드렸습니다.

이제는 반대로 여러분이 꼭 기억해 주셨으면 하는 10만 원 마케팅의 3가지 대전제를 말씀드리겠습니다. 바로 '광고는 기억이라는 것, 소비자 입장의 마케팅 메시지를 만들어야 한다는 것, 마케팅은 도전과 최적화의 연속이라는 것'입니다. 그럼 첫 번째 조건부터 살펴보겠습니다.

① 광고는 기억입니다

이는 기존에 많은 사람이 인식하는 마케팅=광고=돈의 삼단논법을 비틀은 것입니다. 마케팅=광고=돈이라는 인식 때문에 많은 스타트업 대표, 소상공인 사장님이 마케팅하면 광고부터 떠올리고, 광고하면 돈부터 떠오르니 '나는 지금 마케팅이 필요해. 돈을 많이 써서 광고를 시작해 최대한 많은 사람에게 상품을 보여줘서 빠르게 팔아야겠다!'라고 결심합니다.

심지어 홈페이지, 서비스도 아직 제대로 준비가 안 되었는데 광고부터 고민하는 대표님을 많이 봐왔습니다. 그래서인지 광고 담당자를 빨리 채용하는 편인데요. 제가 현업에서 여러 스타트업 팀을 만나면 직원 구성이 대표, 개발자, 광고 담당자 셋으로 비슷한 걸 볼 수 있었습니다.

운 좋게 내 상품이 모든 면에서 경쟁사를 압도하고, 광고 메시지가 고객의 니즈를 정확하게 공략해 대박 신화를 만들 수도 있을 것입니다. 그러나 그러한 확률은 너무 저조합니다. 자금이 상대적으로 부족한 스타트업, 소상공인은 낮은 확률에 베팅했는데 실패하면 재기가 힘듭니다.

그래서 저는 이 마케팅=광고=돈이라는 삼단논법을 해체하고 싶습니다. 앞서 '사짜 마케팅 사례'를 보셔서 아시겠지만, 마케팅에는 광고

하나만 있는 것이 아닙니다. 오히려 광고는 아주 작은 첫 불씨에 불과하고, 이 불씨를 키우는 건 이후의 퍼널과 회사 대표, 직원의 서비스입니다. 10만 원 마케팅을 시작한 우리는 먼저 마케팅=광고라는 공식에서 벗어나 광고 외의 마케팅 요소를 준비해야 하고, 다음으로 광고=돈이라는 인식을 버리며, 적은 돈을 써서 적은 고객을 불러들이더라도 상품을 전부 판매할 수 있는 방법을 고민해야 합니다.

마케팅 ≠ 돈

마케팅 = 이상적인 고객을 발굴해 최고의 상품을
전달하기 위한 도전과 최적화의 연속

광고 = 기억

이를 오늘부터는 새로운 공식으로 기억해 주세요. 광고를 돈으로 보는 것과 광고를 기억으로 보는 것은 어떤 차이가 있을까요? 광고를 돈

으로 인식하는 순간부터 내가 할 수 있는 광고의 개수가 현저히 줄어듭니다. 반면, 광고를 기억으로 인식하면 금액과 상관없이 '사람들에게 내 상품을 기억나게 만드는 행위'에는 무엇이 있는지를 찾게 됩니다.

여러분은 인생을 살면서 기억나는 광고가 있으신가요? 제가 주변 사람에게 이 질문을 해봤는데 다양한 답변이 돌아왔습니다. "침대는 과학입니다."와 같은 TV CF가 떠오른다는 지인이 있었습니다. 유튜브 광고로 봤던 코카콜라 광고가 기억난다는 분도 계셨습니다. 버스나 지하철 전광판에 뜬 모바일 게임 광고, 라디오에서 들은 에듀윌 CM송, 케이블 TV에서 본 대리운전 1577 광고, 인스타그램에서 본 도서 소개 카드뉴스, 한 변호사가 이혼에 관하여 쓴 블로그 포스팅, 동네 전봇대에 붙어있던 족발집 전단…. 이처럼 정말 다양했습니다.

기억은 마케팅에 있어서 정말 중요한 요소입니다. 이 순간에도 수많은 회사가 광고하는 이유는 어떻게든 자사의 상품을 소비자의 기억 속에 남기기 위해서입니다. 소비자인 우리는 상품을 구매해야 할 상황에서 가장 먼저 기억으로 떠오르는 브랜드를 구매하니까요. 예를 들어 제가 오늘 실수로 스마트폰을 떨어뜨려 깨졌습니다. 스마트폰 하면 무엇부터 기억나시나요? 그렇죠. 스마트폰을 만드는 회사는 참 많지만, 우리는 아이폰과 갤럭시부터 떠올립니다.

오늘 저녁으로 갑자기 짜장면을 먹고 싶습니다. 여러분이 중식당을 운영한다면 어떨까요? '우리 동네에서 가장 맛있는 중식당 중 하나'로 기억에 남아야겠죠? 소비자에게 최고로 맛있는 짜장면을 만들기 위해 노력하고, 다양한 수단과 방법으로 'ㅇㅇ역 근처에서 짜장면 정말 맛있는 중식당'이라는 기억으로 남는 마케팅 활동을 해야 합니다.

우리나라 국민 모두에게 알릴 필요도 없습니다. 오프라인 매장 사업을 한다면 내 가게 반경 수십 킬로미터의 기억에만 침투하면 되고, 서비스업이나 쇼핑몰을 한다면 내 상품에 가장 만족할 사람, 내 상품을 가장 필요로 할 소수의 고객만 제대로 만족시키고 그들의 기억 속의 1등을 차지하면 됩니다.

기억 속에 나를 남긴다고 해서 바로 구매하지는 않지만, 휴대폰이 망가지면 아이폰이나 갤럭시를 구매하고, 아이스크림을 먹고 싶으면 배스킨라빈스에 가는 것처럼, 언젠가는 고객들이 나를 떠올리고 구매하게 됩니다. 앞으로는 사람들의 기억 속에 내 상품을 남기는 행동을 다 광고라고 여겨보세요. 그러면 주변에서 사례를 찾기도 쉽고, 굳이 큰돈을 쓰지 않더라도 내가 광고할 수 있는(=고객의 기억 속에 내 상품을 남기는) 방법이 의외로 많다는 걸 알 수 있을 것입니다.

예를 들어 고객이 내 가게 안에 들어왔을 때 하는 인사도 광고가 될 수 있습니다. '인사? 고작 인사가 광고인가?' 싶을 수 있지만, 기억에 남는 인사를 한다면 인사 역시 광고 효과를 냅니다. 지금은 폐업했지만, 한때 홍대거리에는 텟팬Teppen이라는 술집이 있었습니다. 텟팬은 일본인 여러 명이 합심해서 만든 일본식 선술집(이자카야)이었습니다. 술이나 음식은 다른 선술집에서도 먹을 수 있는 메뉴지만, 이 가게는 인사가 특별했습니다.

가게에 손님이 들어오면 처음 발견한 종업원이 어떤 상황이든 상관없이 "이랏샤이마세(어서 오십시오)!" 하고 외쳤고, 그 소리를 들은 가게 모든 종업원이 입구를 향해 똑같이 "이랏샤이마세(어서 오십시오)!" 하고 우렁차게 외쳤습니다. 손님이 나갈 때도 종업원 한 명이 "손님 가십니다!" 하면 역시나 모두가 우렁차게 입구를 향해 "아리가토우고자이마스(감사합니다)!" 하고 인사를 했었습니다. 이 인사가 어찌나 강렬한 인상을 주었는지, 제가 이 가게를 마지막으로 방문한 건 2001년 쯤이었는데 20년이 지난 지금도 기억이 날 정도입니다.

한편 가게나 사무실 바깥에 세워놓는 × 배너, 가게나 사무실 안에 놓는 물건, 게시판 하나도 광고가 될 수 있습니다. 가게 앞에 '인근 100킬로미터에서 돈가스 2번째로 잘하는 집'이라는 × 배너를 세워놓는다거나, 간판을 거꾸로 달아놔서 시선을 끈다거나, 이름이 특이한 메뉴판은 그 자체로 기억에 남습니다.

요즘 고깃집 같은 식당에 가면 'ㅇㅇㅇ을 맛있게 먹는 방법' 포스터가 벽에 붙어있거나, 테이블에 장식된 걸 볼 수 있습니다. 아예 사장이나 주방장이 음식을 가져오면서 가볍게 브리핑하는 식당도 있고요.

제가 아래 이미지에서 예시로 보여드리는 마라탕 즐기는 법은 비교적 내용이 심플한데요. 몇몇 식당은 아주 구체적이면서도 제가 예상치도 못한 방법을 제시해서 '저렇게 먹으면 정말 맛있을까?' 하고 실제 따라 해본 기억이 있습니다.

두 번째 예시로는 막걸리 사진을 보여드리는데요. 요즘은 스마트스토어로 물건을 사면 택배 상자에 제품과 회사에 대해 소개하는 브로슈

마라탕 맛있게 먹는 방법

어나 카드를 넣어서 주곤 합니다. 제가 구매했던 몇몇 스토어는 예시 사진처럼 상품을 더 즐겁게 사용할 수 있는 팁을 알려주거나, 회사의 브랜드 스토리를 알려주는 유인물을 넣어주곤 합니다. 이런 노력이 모두 소비자의 기억에 남기 위함입니다.

어떠신가요? 광고=기억이라고 정의하니 꼭 돈을 쓰지 않고도 사람들의 기억에 내 회사, 내 상품의 흔적을 남기는 방법이 의외로 많은 것 같지 않나요? 괜찮으시면 책 읽기를 잠시 멈추고 제가 지금부터 말씀드릴 과제를 한 번 해보시기 바랍니다.

노트를 꺼내 페이지를 반으로 접어주세요. 왼쪽에는 여러분의 기억에 남은 광고를 1번부터 번호를 매겨서 쭉 적어보시길 바랍니다. 당연하지만 여기서 말하는 광고는 매스미디어 광고, 온라인 광고만 의미하지 않습니다. 여러분의 기억에 깊은 인상을 준 모든 것을 다 적어보는 것입니다. 왜 이 광고가 자신의 기억에 남았는지 이유도 함께 적어봅니다.

오른쪽에는 여러분의 사업의 모든 고객 접점을 1번부터 쭉 적어보시길 바랍니다. 대표인 내가 고객과 미팅하는 순간, 인사하는 순간, 전화하는 순간, 명함을 주는 순간, 서비스를 진행하는 순간, A/S를 하는 순간, 이메일로 자료를 보내는 순간, 고객이 제품을 사용하는 순간, 택

배 박스를 받는 순간…. 내 회사, 내 상품이 고객과 만나는 다양한 순간이 있을 것입니다. 이 모든 순간마다 어떻게 고객들이 나를 기억하게 할 수 있을지 궁리해 봅니다.

이미 왼편에 기억에 남은 광고를 정리해 뒀기에 이를 내 사업에 맞게 적용할 수 있는 아이디어가 떠오를 것입니다. 아이디어가 하나도 떠오르지 않으면 여러 업종의 유명 프랜차이즈를 방문해 보는 걸 추천합니다. 대기업에서 운영하는 프랜차이즈는 인사, 디스플레이, 제품, 서비스 모든 면에서 특별한 상황이 많습니다. 전문 기획팀이 열심히 아이디어를 짜내기 때문이죠. 여기서 힌트를 얻어 내 사업의 광고를 강화하면 됩니다.

온라인 사업 역시 마찬가지입니다. 업계마다 충성고객을 잔뜩 거느린 1위 쇼핑몰들이 있습니다. 이 쇼핑몰에 들어가서 인터페이스는 어떤지, 콘텐츠는 어떤지, 카피 문구는 어떤지, 사용하는 이미지는 어떤지, 상세 페이지는 어떤지 쭉 둘러보면서 소비자의 기억에 좋은 영향을 줄 것 같은 부분을 자신의 사업에도 적용해 봅니다.

② 소비자 입장에서 듣고 싶은 마케팅 메시지를 만듭니다

광고에 대한 공식을 바로잡으면서 TV CF 이야기를 잠깐 했습니다.

지금도 TV를 켜면 온갖 광고가 나옵니다. 그런데 한 번 생각해 보세요. 이 많고 많은 TV 광고 가운데 기억에 남는 광고는 몇 편 정도 있나요? 〈포브스〉의 발표에 따르면 사람은 하루 3,000개에서 10,000개 사이의 광고에 노출된다고 합니다. 그런데 우리가 기억하는 광고는 손에 꼽습니다. 왜 그럴까요? 여러 가지 이유가 있겠지만, 가장 핵심을 하나 꼽자면 '광고에 내 상품의 타깃이 반응할 마케팅 메시지가 있느냐, 없느냐의 차이'라고 봅니다.

우리는 대부분 광고를 한 귀로 듣고 한 귀로 흘립니다. 그 광고가 나랑 크게 상관없는 이야기이기 때문이죠. 반대로 내가 평소에 관심을 가지고 있던 주제에 대한 광고나, 내가 좋아하던 연예인이 광고에 나오거나, 내가 필요로 하는 상품에 대한 광고는 상대적으로 집중해서 보게 됩니다.

하루 날을 잡고 여러분이 접하는 모든 광고에 주의를 기울여서 분석해 보시길 바랍니다. 그러면 놀라운 사실을 발견할 수 있는데요. 바로 작은 회사, 대기업을 가리지 않고 마케팅 메시지가 분명한 광고가 예상보다 적다는 것입니다. 마케팅 메시지가 없는 광고도 있고, 뭔가를 말하고 싶은 것 같기는 한데 메시지가 불분명한 것도 있습니다. 너무 여러 가지를 말해서 결론적으로 하고 싶은 말이 뭔지 잘 모르겠는 경우도 있고요. 고객이 듣고 싶은 말이 아니라 생산자가 하고 싶은 말만 늘어놓기도 합니다.

만약 내 회사, 내 상품에 마케팅 메시지가 없으면 이제부터라도 만들어야 합니다. 이때 마케팅 메시지는 내가 하고 싶은 말이 아니라 타깃 고객을 명확하게 정하고, 이 타깃이 듣고 싶은 말로 만들어야 하겠지요. 메시지를 듣고 나서 무슨 의미인지 한 번 더 고민해야 하는 일이 없도록 '쉽고 직관적인 단어'를 사용해야 합니다.

메시지는 사업의 시작점과도 같습니다. 메시지가 없으면 어떤 광고를 하더라도 타깃 고객의 기억에 남을 수 없으니까요. 기억이 잘 안 나는 대부분의 TV 광고처럼 말입니다. 이를 간과하면 사업이 악순환에 빠질 수도 있습니다. 고객을 움직일만한 메시지가 없는 것이 근본적인 문제인데, 광고가 잘 안되면 '마케팅 채널의 문제인가?' '광고비가 적어서 문제인가?' 싶고, 엉뚱한 곳에서 문제를 찾으면서 여러 매체에 많은 광고비를 쓰고 나서야 진정한 문제를 깨닫기도 합니다.

사실 고객이 가장 듣고 싶은 말로 메시지를 만들고, 각 고객 접점마다 서비스의 수준을 높이면 어떤 매체라 하더라도 적은 광고비로도 구매 고객이 생깁니다. 내 회사의 마케팅 메시지를 만들고, 그 메시지를 스토리텔링으로 가공하는 방법은 파트 2에서 설명하겠습니다.

③ 마케팅은 도전과 변경을 통한 최적화의 연속입니다

앞서 사짜 마케팅 예시를 떠올려보시길 바랍니다. 간단한 교육 컨설팅 사업도 10만 원 마케팅을 성공시키기 위해 저는 계속 도전하고, 테스트하며, 바꾸어 왔습니다. 처음부터 정답을 찾을 수 있으면 참 좋겠지요. 하지만 현실은 아무리 준비에 준비를 거듭해도 처음부터 100점을 맞을 수는 없습니다. 그렇다면 타깃 고객과의 인터뷰를 통해 이들이 필요로 하는 것 가운데 내가 줄 수 있는 최고의 것을 상품으로 만들고, 이 상품이 고객에게 무사히 도착하게끔 퍼널을 정비한 뒤 광고를 통해 소수의 고객에게 팔아보고 피드백을 받아 미흡한 부분을 보완해서 점수를 차차 올려 나가면 됩니다.

고객의 평가를 통해 잘된 부분은 극대화하고, 반응이 나쁜 부분은 제거하거나 수정해서 광고, 메시지, 상품, 서비스, CS 모든 부분을 고객 맞춤형으로 최적화를 해나가는 것이죠. 그런데 이렇게 말하면 구체적으로 그 작업을 어떻게 하는지 많은 대표님이 감을 잡지 못하는 모습을 봐왔습니다. 그래서 만든 것이 앞에서도 보여드렸던 린 프레임워크입니다.

린 프레임워크는 고객이 광고를 통해 메시지를 접한 뒤 어떤 동선을 통해 내 상품에 이르게 되는지, 각 고객 접점마다 신경 써야 할 요소에는 무엇이 있는지가 종이 1장으로 요약되어 있습니다. 구체적으로 내가 무엇에 도전해야 하는지를 알게 하며, 고객의 피드백을 받을 때마다 필요 없는 항목을 없애거나 새로운 항목을 추가할 수도 있지요. 이것들만 빠뜨리지 않고 계속 도전과 테스트를 반복하면 사업 전체의 효율이 올라갑니다. 도전과 최적화의 연속인 셈이지요. 린 프레임워크에 대한 설명과 실무에서의 적용법은 파트 2에서 설명하겠습니다.

중요한 포인트는 완벽주의를 버리고 최소한으로 기능할 전체 시스템을 빠르게 만든 다음, 고객을 만나 평가를 듣고 이를 반영해 발전하는 것입니다. 완벽주의는 계속해서 공부만 하게 하고, 그만큼 행동을 방해하는데요. 기초적인 공부와 준비는 물론 필요하지만, 실제 내 상품을 구매할 고객을 만나지 않고 혼자 준비만 하면 상품과 사업을 고객이 전혀 원하지 않는 방향으로 이끌어갈 위험이 있습니다.

그래서 완벽하게 준비가 된 후 고객을 만나는 것이 아니라, 그 이전에 고객을 만나 상품을 체험하게 하고 소감을 들어봐야 합니다. 마치 식당이 정식 오픈하기 전에 임시 개업을 하고 지인들을 불러 모아 시식회를 한 뒤 피드백을 받는 것처럼 말이죠.

그렇다면 얼마나 준비해야 할까요? 사실 아이템마다 다르긴 합니다만, 제 경험상 스타트업은 30퍼센트 정도 준비했으면 정식 판매는 아니더라도 '체험해 볼 사람을 구한다'는 광고를 소액으로 진행해서 고객을 만나기 시작하는 것이 좋습니다. 이 30퍼센트란 타깃 고객의 마음이 움직일 한 가지 메시지를 만들고, 이 메시지에 맞는 상품을 체험하게 할 수 있는 환경을 만든 상태입니다.

여기까지는 준비를 해둬야 '우리 고객은 이런 걸 좋아하겠지?'라는 가설을 검증할 수 있고, '고객이 실제로는 어떤 포인트를 좋아하니 이것은 빼고 이것은 추가해야겠다' 등의 아이디어가 생깁니다. 그 방향대로 메시지, 상품, 서비스를 발전시키면 나중에는 소액의 광고비만 써도 원하는 매출을 달성할 수 있게 됩니다.

5

당신이 지금부터 준비해야 할
마케팅 트레이닝

프롤로그에서 '마케팅은 누구나 독학이 가능하다'고 했습니다. 마케팅은 수학과 다르게 어떤 경우와 상황에도 일괄되게 적용할 수 있는 정답이라는 게 없습니다. 마케팅을 오래 해왔어도 오답을 말할 수 있고, 마케팅이 처음이라고 해서 꼭 정답을 내놓지 못하는 것도 아닙니다. 오히려 마케팅은 잘 몰라도 내 상품에 관해서는 가장 잘 아는 사람이 마케팅을 조금만 배우면, 마케팅은 잘 알아도 상품에 관해서는 잘 모르는 사람보다 더 나은 정답을 도출해 내는 걸 자주 봐왔습니다.

그렇다면 마케팅 공부는 어떻게 시작해야 할까요? 대부분 사장님이 마케팅 관련 책과 유튜브를 보는 것으로 독학을 시작합니다. 실제로 제가 강의하면서 자주 받는 질문 중 하나가 꼭 읽어야 할 책을 추천해

달라는 것입니다. 이 질문에 저는 책을 읽지 말고, 책을 만들라고 답합니다.

무슨 의미일까요? 대부분 비즈니스 도서는 'ㅇㅇ를 하면 성공한다'고 합니다. 마케팅 책을 읽으면 마케팅을 잘해서 성공했다. 개발 책을 읽으면 개발을 잘해서 성공했다. 기획 책을 읽으면 기획을 잘해서 성공했다. 경영 서적을 읽으면 조직 관리를 잘해서 성공했다고들 합니다. 물론 다 근거가 있는 이야기입니다. 그런데 사실은 이것들을 다 합쳐야 성공하지 않을까요? 개별적인 것 하나하나만 잘했으면 성공할 수 있었을까요? 성공은 종합 예술과도 같습니다. 하나만 잘해서 성공한 게 아니라, 모든 면을 두루두루 잘했기에 그런 결과를 냈을 것입니다.

또 하나, 대부분 비즈니스 도서는 성공 사례에 대해 말합니다. 국외로는 스타벅스, 에어비앤비, 구글 등이 있고요. 국내로는 카카오, 무신사, 배달의 민족 등의 성공 신화가 있습니다. 내용은 모두 훌륭한 책들입니다만, 이들의 환경은 이제 막 밑바닥에서 시작한 스타트업과 달라도 너무 다릅니다. 책을 읽어도 그렇다면 나는 오늘 당장 뭘 해야 할지 구체적인 그림이 그려지지 않는다는 말입니다.

이러한 이유로 책만 읽으며 공부할 게 아니라, 계속 도전해 보면서 '나에게 도움이 되는 책을 직접 만드는 것'이 더 나을 수 있다는 뜻입니다. '책을 직접 만든다는 것'은 바로 앞장에서 말했습니다. 노트를 반으로 접어서 한쪽에는 기억이 나는 광고, 다른 한쪽에는 고객 접점을 전부 써보고 접점마다 어떤 광고를 할 것인지 계획을 세워보라고 했죠. 이것은 앞으로 설명해 드릴 린 프레임워크의 기초가 됩니다. 이번 챕터에서는 그와는 별개로 여러분의 마케팅 기초 근육을 단련하기 위해 추가로 하면 좋은 마케팅 트레이닝을 3가지 정도 제안하겠습니다.

① 역추적 트레이닝

마케팅하다 보면 어려운 질문에 답변해야만 하는 상황에 자주 놓이게 됩니다. 그럴 때를 대비해 여러분에게 한 가지 습관을 만들어드리고 싶습니다. 바로 스스로 질문하고, 스스로 답변하는 습관입니다. 방법은 간단합니다. 노트를 꺼내서 질문과 답변(QnA)을 반복하는 것인데요.

질문: 이건 왜 그럴까? 내가 같은 상황이라면 어떻게 할까?
답: 나라면 이렇게 해볼 텐데.

주제 하나에 관해 QnA를 하면서 그 과정을 기록하는 것입니다. 남에게 보여주는 책이 아니라 혼자 보기 위한 책이니 형식에 구애받지 말고 내가 편한 대로 만드는 걸 추천합니다. QnA 주제는 여러분이 구매한 제품이나 서비스를 대상으로 내가 이걸 왜 샀는지 역추적하시면 됩니다. 내가 어떤 상품을 구매했는지 기억이 안 나면 네이버페이, 쿠팡, 신용카드 결제 명세에서 찾을 수 있습니다. 결제 내역의 상품을 보면서 다음과 같은 질문을 해보세요.

Q1 이 상품(제품, 서비스, 가게 등)을 방문 및 구매하게 된 이유는 무엇인가?

Q2 이 상품(제품, 서비스, 가게 등)을 찾는 데 결정적인 역할을 한 건 무엇(혹은 누구)인가?

Q3 처음 구매하고자 생각했던 대로 구매했는가? 구매하지 않았다면 그 이유는?

예를 들어 저는 최근 빔 프로젝터를 구매했습니다. '이것을 구매하게 된 이유는 무엇인가?' 저는 평소 영화 보는 걸 좋아하지만 혼자서 영화관에 가고 싶지는 않아서 집에서 보자는 마음에 구매했습니다.

'해당 상품을 알게 된 경로는?' 제가 구매한 제품은 '삼성전자의 더 프리스타일 빔 프로젝터'였습니다. TV에서 더 프리스타일 광고를 보게되었는데 벽이나 천장에 빔을 쏴서 영상을 볼 수 있다는 점이 마음에 들었고, 결정적으로 스포티비(스포츠 전문 채널)를 볼 수 있다는 점에 마음을 뺏겼습니다. 인스타그램에 있는 많은 후기 중에 축구를 보니 좋았다는 것을 보고 구매를 결심했습니다.

'처음 구매하고자 마음먹은 대로 구매했는가?' 이 질문에 관해서는 중간에 다른 유혹은 있었습니다. 삼성 더 프리스타일은 고가였고, 설치 장소와 비교해서 제품이 크다고 판단되어 좀 더 저렴하고, 크기가 작은 유사 제품을 찾았습니다. 만약 제가 영화만 볼 의도였다면 이 유사 제품을 구매했을 것입니다. 하지만 최종적으로 삼성 더 프리스타일을 사게 되었는데요. 영화도 영화지만, 스포티비로 '축구를 볼 수 있다'는 점이 결정적이었습니다.

이처럼 상품 하나를 놓고 왜 구매하기로 하였는지, 어떻게 알게 되었는지, 처음 예상대로 구매했는지를 쭉 적어서 일련의 흐름을 작성해보면 다양한 각도에서 상품을 바라보게 됩니다.

떠오른 아이디어는 노트에 정리한 뒤, 이를 다시 가장 비용이 안 드는 순서대로 나열하고 1번부터 실천합니다. 실천해 본 결과가 어떠했는지를 다시 피드백해서 도전과 최적화를 반복해서 나가면 됩니다. 이처럼 상품 하나를 놓고 왜 구매하기로 하였는지, 어떻게 알게 되었는지, 처음 예상대로 구매했는지를 쭉 적어서 일련의 흐름을 작성해 보면 다양한 각도에서 상품을 바라보게 됩니다. 상품을 하나만 분석했을 때는 크게 와 닿는 것이 없지만, 10개, 30개, 50개를 분석해 보면 소비자가 대체로 어떤 이유와 고민을 가지고 어떤 경로를 통해 어떻게 정보를 얻어 구매에 이르는지가 보이고, 반대로 내 사업 아이템에 어떻게 적용하면 될지 아이디어가 떠오를 겁니다. 떠오른 아이디어는 노트에 정리한 뒤, 이를 다시 '가장 비용이 안 드는 순서'대로 나열하고 1번부터 실천합니다. 실천해 본 결과가 어떠했는지를 다시 피드백해서 도전과 최적화를 반복해 나가면 됩니다.

이 연습을 해봐야 나에 대해서만 알 수 있지, 내 상품을 구매할 소비자하고는 아무 관계없지 않으냐고 반문할 수 있습니다. 꼭 그렇지 않은 것이 대부분 창업하는 사람은 내가 생각한 문제로부터 시작합니다. 그것을 내 주변 가까운 사람, 나와 비슷한 사람에게 팔게 되고 점점 범위를 넓혀가는 과정을 거치게 됩니다. 그래서 내가 구매한 것부터 분석하는 트레이닝도 아주 유효합니다.

소비자가 나에게 오는 경로는 정말 다양합니다. 한 가지 길로만 오지는 않습니다. 내가 다양한 경로를 통해 상품을 알게 되고, 상품을 구매하듯이 소비자들의 구매 여정에 대해 많이 고민하면 할수록 우리는 소비자를 이해하게 되고, 더 쉽게 소비자에게 다가설 수 있게 됩니다. 이러한 트레이닝은 하면 할수록 근육이 붙습니다. 나중에는 '최근 유행하는 상품을 나라면 어떻게 팔까?'라고 질문했을 때, '보통 이런 상품은 고객이 이런 이유로 사고 싶어 하고, 어디서 정보를 찾아보니까 나라면 이렇게 팔 것'이라고 빠르게 답이 나오게 될 것입니다.

② 머릿속 비우기 트레이닝

사업을 하다 보면 상황이 복잡해지거나, 고려해야 할 것들이 너무 많아져서 머리가 터질 것 같이 혼란스러울 때가 있습니다. 그때 하면 좋은 것이 '머릿속 비우기 트레이닝'입니다. 말 그대로 내 머릿속의 생각을 전부 글로 쏟아내는 훈련입니다.

왜 이 사업을 시작했고, 어떤 점이 불편했으며, 어떤 사람을 만났는지 사업과 관련해서 적을 수 있는 모든 것들을 다 적어 보는 것입니다. 역추적 트레이닝과 마찬가지로 누군가에게 보여주려고 쓰는 것이 아니라, 혼자 보기 위해 적는 글이니 분량이나 형식에 구애받지 않고 자유롭게 쓰시면 됩니다. 다음은 제가 이엠넷을 퇴사하고 새로 시작했던 앱 사업의 예시입니다.

- 아프리카 우물 만들기 프로젝트

- 내가 걸으면 그 우물이 생긴다

- 걸음 수가 가장 많은 사람의 이름으로 우물이 지어진다

- 내가 우물을 지을 수 있다

- 우물은 누가 만드는 것일까?

- 아프리카만 우물이 필요한가? NGO가 우물을 만든다

- 우리나라 NGO 중에 우물 만드는 NGO가 있나? 트위터로 만난 친구에게 NGO를
  소개받다

- 우리나라 기업 중에 우물 지을 만한 기업은?

- 기업은 왜 기부해야 하는가?

- 기부를 왜 할까?

- 한 번에 다수의 사람을 모으려면 어떻게 해야 할까?

- 걷기 대회

- 걷기 대회에 참가할 사람들이 있을까?

- 동아리부터 만들어볼까?

- 한강을 함께 걷는 일은 어떨까?

지금 와서 다시 보니 제가 창업했을 당시 어떤 고민을 했었는지 바로 알 수 있네요. 이처럼 머리에 떠오르는 것들을 전부 적어 보면 내가 현재 사업에 대해 어떤 걸 알고 있고, 무엇을 모르는지, 뭘 알아야 하는지가 보입니다. 이와 더불어 앞으로 어떤 일을 해야 하는지도 알게 됩니다. 이를 통해 제작해야 할 콘텐츠 주제를 정할 수도 있습니다.

이 훈련을 꾸준히 하면 보이는 것이 생깁니다. 바로 '소비자(고객)에 대해서 고민하는 시간보다 사업 확장에 대해 고민하는 시간이 더 길다'는 것인데요. 본질은 소비자여야 하는데 소비자를 빼놓고 제품이나 서비스를 기획하고 있었다는 걸 알게 됩니다. 이 때문에 저도 주기적으로 머릿속 비우기를 통해 제 자신을 돌아보고 있습니다.

살다가 한 번쯤 슬럼프에 빠지듯, 한 사업을 오래 하면 타성에 젖는 시기가 있지요. 사업 초기에는 상상력이 넘쳐나고 아이디어도 많습니다. 계속 그런 상태라면 좋겠으나, 시간이 지나면 상상력도 의욕도 아이디어도 점점 줄어듭니다. 그러므로 평소 머릿속 비우기를 통해 노트 정리를 꾸준히 해두면, 아이디어가 부족할 때마다 이 노트를 펼쳐서 참고하거나 인사이트를 꺼내 쓸 수 있다는 장점이 있습니다.

③ 신파 마케팅 트레이닝

제가 예전부터 시도한 많고 많은 광고 가운데 가장 잘 먹히는 방법의 하나가 바로 '신파 마케팅'이었습니다. 그렇다면 신파 마케팅이란 무엇일까요? 흔히 슬픈 영화를 놓고 신파극이라고 칭하는 걸 들어본 적 있으시지요? 사극을 보면 임금 앞에서 "아이고 전하, 아니 되옵니다, 통촉하여 주시옵소서!" 하면서 눈물을 흘리는 신하들 때문에 왕이 어쩔 수 없이 상소문을 허락하는 장면이 나오곤 합니다.

아마도 이런 것이 과거의 신파 마케팅이 아닐지 싶은데요. 그냥 상소문만 올리면 왕은 깊이 공감하지 않지만, 상소문 이후에 눈물을 흘리며 "통촉하여 주시옵소서!"를 외치면, 더 꼼꼼하게 상소문을 보고 신하들이 왜 이렇게까지 하는지 마음을 살피게 되는 것이죠. 이처럼 신파 마케팅은 공감을 끌어내는 마케팅 기법이라 할 수 있겠습니다.

그렇다면 지금의 신파 마케팅은 어떨까요? 예전에 프랜차이즈 매장을 운영하는 한 사장님의 마케팅 진행을 도와드렸습니다. 오프라인 매장을 운영 중이서서 지점에 방문해 동네 상권을 둘러봤습니다. 거대한 아파트 단지, 여러 개의 대형마트, 상가 건물도 많았습니다. 전체적으로 유동 인구가 많은 상권이라 맛만 있으면 어떤 가게를 해도 충분히 잘될 것 같았습니다. 그래서 너무 고민하지 마시고 아파트 단지가 속

한 온라인 카페를 한 번 찾아보라고 알려드렸습니다. 입주민이 가입할 수 있는 카페, 동네 커뮤니티가 있으니 가입하고 사람들과 대화하면서 등업도 해놓으라고 과제를 내드렸습니다.

한 달 정도 지나서 사장님에게 다시 연락이 왔습니다. 제 말대로 지역 맘 카페와 아파트 카페에 가입해서 글도 올리고 등업도 해놓으셨습니다. 저는 이 두 커뮤니티에 신파 마케팅을 해볼 것을 제안했고 사모님께서 다음과 같은 글을 올렸습니다.

남편이 요즘 가게 일이 끝나고 집에 오면 혼자서 술을 마시는 일이 부쩍 늘었다. 손님이 많이 안 와서 심적으로 매우 힘든 것 같다. 회사 잘 다니던 사람을 꾀어서 사업을 같이 하자고 했는데, 장사가 안 되니 너무 미안한 마음뿐이다. 남편이 고생해서 만든 음식이 내 입에는 맛있기만 한데, 사람들이 먹으면 분명 좋아할 텐데…. 가게에 손님이 안 오는 이유가 혹시 정말 음식이 맛이 없어서인지, 아니면 사람들이 안 먹어봐서 우리 가게가 맛있다는 것을 몰라서 안 오는 것인지 모르겠다.

혹시 지금 이 글을 읽는 분 가운데 저희 남편이 조리한 음식을 한 번만 드셔보시고 맛이 없다면 어떤 점을 고쳤으면 좋겠는지, 솔직하게 말씀해 주셨으면 좋겠다. 그것을 알아야 남편도 부족한 부분을 채우고, 잘못된 부분을 고치고 더 나아질 텐데, 이러다 가게를 접게 되면 나는 남편에게 너무 미안할 것 같다.

그러자 맘 카페에서 이 글을 읽은 동네 아주머니들이 실제 식당에 오셔서 식사하셨고, 단체로도 오셔서 음식을 드시고 가셨습니다. 다행히 사장님의 음식 솜씨는 훌륭했고, 친절하게 접대한 덕분에 가게는 재방문자가 많아져서 매출이 올라갔다고 합니다. 나중에 가게를 한 번 더 방문했는데 손님으로 가득해 자리가 없어서 사장님에게 인사만 드리고 돌아왔습니다.

지역 온라인 카페에는 주로 어머니들이 많고, 어머니들은 누구나 남편의 고충을 알고 있습니다. 한 편의 신파극으로 이 지점을 파고 들었기에 어머니들의 공감을 얻을 수 있었고, 결과적으로 0원 마케팅으로 단골을 만들 수 있었던 것입니다.

그렇다면 평소 신파 마케팅 트레이닝은 어떻게 할 수 있을까요? 저는 당근마켓 앱을 추천합니다. 아마도 다들 집에서 잘 사용하지 않는 불필요한 물건을 중고거래한 적이 있을 것입니다. 이때 그냥 글을 쓰는 것이 아니라, 신파를 적극적으로 활용하여 글 써보기 연습을 하는 것입니다. 어떻게 글을 써야 공감을 이끌어낼 수 있을지 하나씩 시도

해보면 좋습니다. 예를 들어서 저는 이런 식으로 글을 씁니다.

아내를 위해서 구매했는데 아내가 사용하지 않네요. 아이를 위해서 샀는데 아이가 쳐다보지도 않네요. 그래서 몰래 판매합니다.

주로 여성 분들이 구매하셔서 그들이 볼 때 이해되고 공감이 가는 글을 쓰고자 노력했습니다. 이번 장은 평소 마케팅 독학을 위한 트레이닝에 대해 말씀드렸습니다. '역추적 트레이닝, 머릿속 비우기, 신파 마케팅' 이 3가지를 평소 실행해보시기 바랍니다. 특히 이중에서 역추적 트레이닝을 10번, 30번, 50번 해보시면 마케팅 감각이 남다르게 발전하는 걸 체감하실 수 있을 것입니다.

6

만약 스타트업을 한다면
이 점에 특히 주의할 것

유튜브를 보면 성공한 사업가들을 인터뷰하는 영상이 인기를 끄는 걸 볼 수 있습니다. 그런데 저는 여러 번 사업에 실패해본 경험이 있어서인지 성공한 사람의 노하우를 배우는 것도 중요하지만, 그 못지않게 실패한 사람의 이야기를 듣고 똑같은 실수를 하지 않는 것이 중요하다고 여깁니다.

앞서 말씀드렸다시피 제가 10만 원 마케팅을 만들게 된 계기는 2가지 충격적인 경험 때문인데요. 게다가 저 역시 창업하다 실패한 경험이 있습니다. 그래서 파트 2로 넘어가기 전에 제가 어떤 실수를 했는지, 제가 만나는 스타트업 대표님들은 또 어떤 함정에 빠지는지 정리해보겠습니다. 이 책을 읽는 예비 창업자분들은 저와 같은 전철을 밟지 않길 바랍니다.

① 완벽을 추구하지 말고, 고객과 빨리 만나도록 합니다

먼저 저의 이야기를 해보겠습니다. 대행사를 퇴사한 후 저는 앱을 개발하여 고객을 모으려 했습니다. 앱 안에 사용자와 광고주를 동시에 모아서 광고주가 돈을 내고 광고하면 사용자가 광고를 보고 포인트가 적립되어서 그 포인트로 아프리카 같은 나라에 우물을 지을 수 있는 시스템을 만들고 싶었습니다. 오늘날로 치자면 캐시슬라이드(엔비티에서 출시한 스마트폰 리워드앱. 2012년 11월 경부터 시작하였고 세계 최초의 잠금화면 방식 리워드앱)의 사회적 기업 버전을 만들고 싶었던 셈입니다.

그러나 '힘이 없는 정의는 무능이고 정의 없는 힘은 폭력'이라는 말이 있듯이, 큰 이상이 있어도 회사를 설립하고 사업한다면 먼저 회사가 생존할 수 있는 건실한 비즈니스 모델과 현금흐름이 있어야 합니다. 제 꿈이 이루어지기 위해서는 먼저 앱을 제대로 제작해야 했고, 소비자와 광고주를 유치해서 실제 수익이 나야만 했습니다. 돌이켜보면 저는 이 2가지 과제 모두 낙제점이었습니다.

예나 지금이나 앱을 제작하려면 개발자에게 많은 비용을 들여야 했습니다. 당시 직장인이었던 저는 그만한 자금이 없었습니다. 코딩이 무엇인지도 모르는 제가 앱을 개발할 사람을 모집하여 믿고 맡겼는데, 기획도 되지 않은 앱이다 보니 팀을 3번 만들어 시도했으나 완성되지 않았습니다. 어찌어찌 저를 잘 아는 대표님이 제 사정을 다 들으시곤 기획, 디자인, 개발을 해주셔서 완성 자체는 했지만 완성도에는 아쉬움이 있었습니다. 당시 달마다 아르바이트 직원 급여, 식대, 비품 비용, 세금 등 고정지출이 있었고, 정부 지원 사업으로 받은 예산으로 다 감당을 못해 투잡까지 뛰었습니다.

저의 실수는 완벽을 추구했다는 점입니다. 앱에 못해도 이런 기능과 디자인을 넣겠다는 계획이 있었고, 먼저 앱을 다 완성한 이후에 사업을 시작하려고 했습니다. 처음 목표에 걸맞게 앱을 다 만들었지만 모자란 부분이 추가로 보여서 '이것만 더 수정하고 시작하자, 저것만 더 추가하고 시작하자' 하는 욕심을 부리면서 사업 일정은 점점 늦어져만 갔습니다.

결과적으로 전문성 부족의 이유로 제가 100퍼센트 만족할 수 있는 앱을 만들지도 못했습니다만, 문제는 설령 제 마음에 쏙 드는 만족하는 앱을 만들었다 하더라도 그 앱이 소비자와 광고주도 만족할 거라는 보장이 없다는 것입니다. 사무실에서 혼자 앱만 만들고, 중간중간 예비 광고주나 지인들에게 제 앱을 보여주지도 않았으니 온전히 저만 만족하는 앱이 되었을 가능성이 높겠지요?

앞서 마케팅 메시지에 대해 논할 때 생산자가 하고 싶은 이야기를 해서는 안 되고, 상품을 구매하는 소비자가 듣고 싶은 내용을 마케팅 메시지로 만들어야 한다고 했는데, 거기서부터 제 실수가 시작된 셈입니다. 저는 저를 위한 앱이 아니라 실제 비즈니스 모델을 따져봤을 때 저한테 광고비를 내는 광고주들이 만족할 포인트가 있는 앱을 만들었어야 했습니다.

만약 제가 타임머신을 타고 과거로 돌아간다면 저는 회사를 그만두지도 않았을 것 같습니다. 앱을 개발하는 건 퇴근 후 저녁 시간, 주말 시간을 이용해서도 할 수 있으니까요. 앱을 다 만들고 난 후 고객을 만나는 게 아니라, 디자인은 좀 형편없어도 최소한의 기능이 있는 앱으로서 기능은 하는 프로토타입Prototype, 원래의 형태 또는 전형적인 예, 기초 또는 표준으로 시제품이 나오기 전의 제품 디자인의 원형을 만들자마자 바로 사람들을 만나러 다녀서 체험을 해보게 하고 피드백을 받아 소비자와 광고주를 위한 앱을 만들었을 것 같습니다. 그런 다음, 조금씩 조금씩 앱을 개선해서 마침내 돈을 내는 고객이 일정 수준 이상 확보되었을 때 퇴사해서 사업에 올인했을 것입니다.

지금 와서 돌아보면 정말 당연한 것들인데, 과거의 저는 이 당연한 걸 몰라서 저를 위한 앱을 만들고 광고주를 제 앱에 억지로 끼워 맞추려고 했습니다. 제 앱을 소비자와 광고주의 니즈에 맞춰 변형해야 했는데 말이죠. 여러분은 저처럼 완벽을 추구하지 마시고 고객과 최대한 빨리 만나서 그들이 기꺼이 돈을 낼만한 상품을 만드시기 바랍니다.

② 대출을 받아 창업하지 마세요

간혹 수강생 여러분을 보면 가게, 사무실을 구하기 위한 대출과는 무관하게 사업 경비와 광고비를 쓰기 위해 빚까지 내서 사업하기도 합니다. 저는 절대 빚까지 써서 사업(광고)하지 말라고 말씀드립니다.

대출을 받아 그 자금으로 광고비로 쓰는 건 10만 원 마케팅과 정확히 반대되는 개념인데요. 사실 이것을 하면 100퍼센트 돈을 번다는 보장이 있으면 빚을 내서라도 하는 것이 맞습니다. 레버리지 효과가 일어나서 내 돈만 투자하는 것보다 더 큰 리턴을 얻을 수 있으니까요. 하지만 다들 아시나시피, 이 세상에 100퍼센트는 없습니다. 특히 사업은 워낙 변수가 많아서 지금은 돈을 버는 것 같아도 당장 몇 달 뒤 어떻게 될지는 아무도 장담할 수 없습니다.

처음부터 정답을 맞힐 자신이 있으면 큰돈을 써도 됩니다. 하지만 현실적으로 그 확률은 매우 낮기에 저는 '소액을 써서 도전, 실험, 최적화를 반복해나가자'는 것입니다. 문제는 대출을 받게 되면 도전과 실험을 할 수 없게 된다는 점입니다.

내 돈으로 테스트할 때는 '나중을 위해 지금 투자한다'는 마인드로 진행합니다. 하지만 대출은 언젠가 갚아야 할 남의 돈입니다. 돈을 쓰면서도 마음이 편치가 않으니 돈 쓰는 게 두려워서 제대로 된 조건으로 도전할 수 없게 됩니다. 몇 번 해보면서 그 사이 성과를 만들면 그나마 다행이지만, 그렇지 않으면 정말 잘못된 수를 두게 되고 그 결과 심리적으로 무너지는 모습도 봐왔습니다. 그러니 절대로 대출을 받아 사업하지 않으셨으면 합니다.

③ 크게 광고하는 것에도 시기가 있습니다

저는 사짜 마케팅을 1달 단위 기수 제로 운영하고, 한 기수마다 최대 5명만 받는다고 했습니다. 고객 만족도를 높이기 위해서는 5명이 딱 적정 인원이라는 이유가 크지만, 그와 별개로 크게 광고해서 많은 사람을 모아 한꺼번에 많이 파는 것을 경계하는 이유도 있습니다.

제가 이 말을 하면 많은 사장님이 반문하십니다. 당연히 많이 팔아서 돈 많이 버는 것이 좋지 않느냐고 말이죠. 맞습니다. 언젠가는 크게 광고해서 많은 사람에게 상품을 많이 팔아야 합니다. 그러나 그 시기는 창업하고 나서 바로는 아닙니다.

상품은 팔고 나서 끝이 아니라 A/S라는 책임이 함께 따라옵니다. 상품을 포함해 린 프레임워크의 모든 요소가 최적화가 된다면 상품 만족도도 높고, 클레임도 적으므로 특정 이슈가 터져 내 상품에 대한 관심도가 높아지는 환경까지 갖춰지면 공격적으로 광고해서 매출을 극대화해도 괜찮을 것입니다. 그런데 초창기에는 상품도 그렇고 서비스도 그렇고 하나하나 정비해나가는 시기입니다. 사후지원에 나설 인력도 부족하고요. 내실이 안 된 상태에서 한꺼번에 많이 팔면 오히려 독이 될 수 있다는 말입니다.

몇 년 전에 한 뉴스 기사를 본 적 있습니다. 지방에 한 호텔이 개업했는데 오픈하기 전부터 공격적으로 SNS 마케팅을 했다고 합니다. 오픈하자마자 수많은 사람이 몰려들었는데 객실에 들어갔더니 이전에 머무른 사람이 남기고 간 쓰레기, 수건 등이 그대로 어질러져 있었습니다. 사람들은 실망해서 그 장면을 그대로 사진을 찍어 자기 인스타그램 계정에 해당 호텔명을 해시태그로 달아 업로드했습니다. 동시다발적으로 비슷한 내용이 인스타그램에 계속 올라오자 호텔의 평판은 바닥을 쳤습니다. 어떻게든 뒷수습은 했지만 이미 악평이 퍼질 대로 퍼져서 사람이 잘 오지 않자 객실 할인 마케팅을 자주 하는 모습을 볼 수 있었습니다.

그 호텔의 창업주는 좋은 뜻으로 SNS 마케팅을 했지만, 결과적으로 양날의 검이 되었습니다. 안타깝게도 고객은 우리의 사정을 다 헤아려 주지 않습니다. 사장과 호텔의 앞뒤사정보다는 불쾌한 서비스를 받았다는 사실만이 기억에 남겠지요. 그 안 좋은 기억이 블로그, SNS 등으로 빠르게 공유되기도 하고요. 악평이 자자해지면 이전보다 광고비를 더 많이 써서 아직 우리 가게의 악명이 알려지지 않은 사람을 설득해서 데려와야 하는 악순환이 생겨납니다.

어떤 사업이든 오픈 초기에는 시스템이 미흡할 수밖에 없습니다. 사장과 직원도 업무 숙련도가 낮아 예상외의 사태가 일어나면 빠르게 대처할 수 없고요. 여러모로 부족할 수밖에 없는데 감당할 수 없을 정도로 손님들이 밀어닥치니 사장과 직원 모두 정신이 없어서 청소도 안 된 방에 다음 손님을 배정하는 실수를 저지른 것입니다.

오픈 이슈를 살리겠다며 대대적으로 마케팅을 하는 것 대신 초기 인원을 제한하고, 어떤 문제가 생길 수 있음을 충분히 공지한 뒤 진솔한 평가를 받아 미흡한 부분을 보완해 봅니다. 실제 운영을 해본 결과 어떤 문제가 발생하며, 다음에 같은 문제가 생기면 어떻게 대처할지 매뉴얼을 만들고 직원들과 공유하는 과정을 거쳤으면 더 좋았겠지요.

조금씩 경험을 쌓은 다음 사장과 직원이 호흡도 잘 맞추게 되고, 업무도 숙달된 다음에 SNS 마케팅을 해서 손님들을 많이 불러 모아 객실을 많이 판매했으면 호텔의 운명이 달라지지 않았을까요? 그러므로 빨리 큰돈을 벌고 싶은 마음은 잠시 내려놓고, 감당이 가능한 시기가 왔을 때 대대적인 광고를 진행하시길 바랍니다.

④ 남이 잘 되는 방법만 찾아다니지 마세요

스타트업 대표님 중에는 열정이 넘치는 분이 계십니다. 어떻게든 사업을 성공시키고 싶어서 온갖 강의, 책, 교육을 찾아다니는데요. 공부하는 것에 대해 뭐라고 할 수는 없지만, 관찰해 보니 이렇게 열심히 하는 분의 공통점이 있었습니다. 기본을 탄탄하게 쌓아 천천히 우 상향하는 방법은 찾지 않고, 지금 당장 써먹어서 성과를 낼 수 있는 비법만 찾으셨습니다. J 커브를 그리며 빠르게 성공하는 방법을 원하는 겁니다.

빠르게 돈 버는 비법을 강의하는 사람 중에는 사기꾼도 있는 반면, 합리적인 가격에 진실한 방법을 가르치는 강사도 있었습니다. 그런데 후자를 만나도 큰 성과가 나지 않는 일이 많습니다. 강사가 잘못되었거나 대표님이 열심히 안 했기 때문일까요? 그렇지는 않았습니다. 대표님은 배운 대로 열심히 하셨고, 강사가 가르쳐 준 노하우도 유효한 방법이 맞았습니다.

다만 강사와 수강생이 처한 환경이 다르기 때문입니다. 강사는 해당 노하우를 발견하기 위해 무수한 시행착오를 겪었을 것입니다. 그동안 걸어온 길이 있고, 쌓아온 내공이 있습니다. 그러한 베이스가 있는 상태에서 해당 노하우를 실천했을 때 폭발적인 성과를 만들 수 있었던 것입니다. 하지만 수강생은 그렇지 않습니다. 아무런 베이스도 없는 상태에서 족집게 과외를 받아도 똑같은 결과가 나올 수는 없는 법이지요.

사업을 성장시킬 때 나보다 먼저 성공한 사람을 벤치마킹하는 건 중요한 일입니다. 그런데 이때 대상을 잘 선정해야 합니다. 내가 신발을 판다면 처음부터 나이키를 따라 해서는 안 됩니다. 동네에서 신발을 가장 잘 파는 가게를 참고해서 나도 동네에서 잘 팔게 된 다음, 거기서 더 크고 잘 파는 매장, 또 거기서 더 규모가 큰 매장의 기법을 공부해서 천천히 우 상향해야 합니다. 혹은 지금의 나이키가 아닌 과거 처음 시작했을 때의 나이키를 배워야 할 수도 있습니다. 성공한 사람의 비법을 배우겠다며 나하고 상황과 처지가 너무 다른 사람의 노하우에 집중하는 것은 효과적이지 않을 지도 모릅니다.

한 번에
알아보는

10만 원 마케팅
프로세스

7

이것이 10만 원 마케팅의
전체 프로세스입니다

파트 1에서는 10만 원 마케팅의 철학과 마인드 전반에 대해서 다뤘습니다. 이렇게 알게 된 내용을 여러분의 현업에 알맞게 접목해 실천할 수 있어야겠죠? 파트 2에서는 시장조사를 통해 현황을 파악하고, 마케팅 메시지와 스토리텔링을 만들며 린 프레임워크를 만들어서 내 사업을 종이 한 장으로 요약한 다음, A/B 테스트를 통해 개선하는 전 과정에 대해 차근차근 풀어나가겠습니다.

스텝 1. 시장조사와 마케팅 기획서 만들기

스텝 2. 마케팅 메시지 제작

스텝 3. 스토리텔링 제작

스텝 4. 린 프레임워크 완성

스텝 5. A/B 테스트를 통한 성과 개선

다시 정리하자면 10만 원 마케팅의 프로세스는 총 5단계로 이루어 집니다. 가장 먼저 시장조사부터 해야 하는데요. 단계별 구체적인 실무 방법론은 챕터 8부터 알아보기로 하고, 이번 장에서는 앞으로의 내용을 이해하는데 꼭 알아야 하는 기초 개념을 설명하겠습니다. 집중해서 살펴봐주세요.

① 개념 1. 린 프레임워크

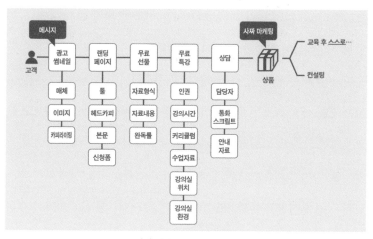

사짜 마케팅 린 프레임워크

맨 처음 보여드린 사짜 마케팅의 린 프레임워크를 다시 살펴보겠습니다. 10만 원 마케팅의 모든 것은 린 프레임워크로 다 설명할 수 있습니다. 몇 년 전만 하더라도 10만 원 마케팅에는 프레임워크가 따로 없었습니다. 제가 프레임워크를 만들게 된 이유가 있는데요. 스타트업 대표님들께 10만 원 마케팅을 가르치는데, 그냥 말로만 설명하자니 추상적이라 어려워하는 분들이 계셔서 '알아듣기 쉽게 시각적으로 표현할 수는 없을까?' 하는 고민 끝에 만들었습니다.

이름은 왜 린 프레임워크라고 지었을까요? 마케팅을 공부 좀 하신 분들은 린 스타트업Lean Startup이라는 용어를 아실 것입니다. 고백하자면 10만 원 마케팅의 핵심 사상과 방법론의 많은 부분을 린 스타트업으로부터 빌려왔습니다. 린 스타트업은 미국의 에릭 리스Eric Ries라는 창업 컨설턴트가 창안한 창업 이론입니다.

린Lean이라는 단어에는 '날씬하다, 군살이 없어 효율적'이라는 원뜻이 있는데요. 에릭 리스는 오늘날의 시장 환경은 변화의 속도가 빠르고 불확실성이 강하며, 스타트업은 자원이 매우 제한적이기 때문에 효율성, 경제성, 낭비의 최소화가 가장 중요하다고 여겼습니다. 이에 따라 최소한의 자원을 사용해서 빠르게 시장에 제품, 서비스를 출시하고 고객의 피드백을 바탕으로 지속해서 개선해나가는 방식을 강조했습니다.

이는 제가 앞에서도 자주 한 이야기죠? 핵심은 대표인 내가 모든 결정하고 상품을 개발하는 것이 아니라, 고객에게 꾸준히 상품을 보여주고 의견을 피드백하여 점차 고객이 원하는 상품으로 나아가는 것입니다. 나의 독단으로 상품을 만들어서 사라고 강요하는 것이 아니라, 고객이 선택하게 만드는 것이죠.

이때 린 프레임워크는 린 스타트업 방식을 최대한 잘 수행하기 위한 보조도구가 되어줍니다. 고객이 광고를 통해 우리 회사의 마케팅 메시지를 접하고, 마케팅과 세일즈 과정을 거쳐 상품을 구매하기까지 모든 고객 접점이 종이 1장에 요약되어 있습니다. 게다가 각 접점 효율을 개선하기 위해 어떤 것을 시험해야 하는지까지 알 수 있으니, 틈날 때마다 프레임워크를 보면서 진척도를 높일 수 있게 됩니다.

② 개념 2. 고객, 메시지, 퍼널, 상품

린 프레임워크의 맨 왼쪽에는 고객이 있고, 고객의 바로 앞에는 메시지가, 맨 오른쪽에는 상품이 있습니다. 고객은 누구일까요? 국외 사업을 할 것이 아닌 이상에야 우리나라 전 국민이 그 대상이 될 것입니다. 물론 그중에서도 상품을 구매할 여력이 되어야 하니 경제활동이 가능한 인구로 좁혀지고, 거기서 내 상품이 필요한 일부 소수만이 진정한 타깃 고객이 될 것입니다.

사업의 목표는 이 타깃 고객을 내 상품 앞까지 데려와 구매하게 하는 것입니다. 사짜 마케팅은 광고를 본 고객이 클릭해서 랜딩 페이지로 가고, 랜딩 페이지를 본 고객이 자료를 신청하며, 자료를 본 고객이 직원과 상담하고, 상담한 고객이 교육 프로그램에 등록하는 길이 있었죠? 고객이 내 상품까지 가는 길을 '퍼널Funnel'이라고 부릅니다.

광고를 보고 랜딩 페이지에 접속하는 첫 퍼널로 안내하는 이정표가 바로 메시지입니다. 파트 1에서 마케팅 메시지의 중요성에 대해서 강조했는데요. 양질의 퍼널, 상품, 서비스를 갖췄어도 첫 마케팅 메시지가 타깃 고객의 마음을 움직여야 이들이 경쟁사 상품에 가서 줄을 서지 않고, 우리 회사 상품 앞에 줄을 서기 때문입니다.

상품에 따라 사짜 마케팅처럼 전문직 한 그룹만 타깃으로 파는 상품일 수도 있고, 떡볶이 밀키트처럼 남녀노소 가리지 않고 여러 그룹에게 팔 수 있는 상품도 있습니다. 만약 타깃이 여러 그룹으로 나뉘면 타깃 그룹마다 메시지를 만들어서 고객과 만나보고 여러 타깃 그룹 가운데 가장 집중해야 할 그룹이 무엇인지 가려내야 합니다.

③ 개념 3. 마케팅 퍼널, 세일즈 퍼널

고객에게 메시지를 보여줬을 때 바로 구매하면 좋겠지만, 제품의 수요보다 공급이 많은 요즘 환경에서는 그러한 일은 잘 없습니다. 제가 삼성 더 프리스타일을 구매하는 과정에서 다른 프로젝터를 구매할까 하고 마음이 흔들렸던 것처럼, 소비자는 경쟁사 상품까지 최대한 알아보고 합리적인 구매 결정을 하기 때문입니다.

그래서 메시지를 보고 우리와 첫 접촉을 시도한 소비자가 건너편에 있는 상품 구매로 원활하게 갈 수 있도록 징검다리가 필요합니다. 우리 상품을 알게 된 고객에게 바로 상품을 구매하라고 하면 반감을 품을 것입니다. 하지만 무료 자료를 주고, 무료 샘플을 나눠주며, 전화 상담을 통해 불만족 시 100퍼센트 환불을 해드린다고 안내하고, 무료 설명회에 초빙해 먼저 베풀면 고객도 다른 상품이 아닌 우리 상품을 '한번 구매해 볼까?' 하면서 점점 마음이 기울 것입니다.

나중에 퍼널을 그려보시면 아시겠지만, 고객에게 우리 상품을 알려서 작은 체험을 통해 마음을 열어가는 단계가 있고, 어느 정도 마음의 문을 연 고객에게 '한번 구매해 보면 어떻겠느냐' 하고 제안하는 단계가 있습니다. 전자를 마케팅 퍼널, 후자를 세일즈 퍼널이라고 부릅니다. 마케팅 퍼널과 세일즈 퍼널이 합쳐져서 내 사업의 전체 퍼널이 되는 셈이지요.

퍼널은 고객이 내 상품을 안 순간부터 구매에 이르기까지의 전체 동선을 나타냅니다. 이 전체 동선을 퍼널이라고 부르는 이유는 간단합니다. 제가 말하는 퍼널은 마케팅 업계에서 흔히 말하는 마케팅 퍼널Marketing Funnel에서 가져온 개념인데요. 퍼널은 일종의 깔때기를 뜻합니다. 집에서 어머님들이 빈 페트병에 액체나 곡식류를 담을 때 자주 사용하는 그 깔때기입니다.

깔때기 위에 물을 부으면 입구 부분에는 물이 넓게 고이지만 아래로 내려갈수록 비좁은 공간을 따라 물이 좁게 쏟아지는 것처럼, 광고를 보고 우리 제품을 인지한 고객도 깔때기를 따라 내려가듯이 한 퍼널에서 다음 퍼널로 갈수록 수가 줄어듭니다. 예를 들어 1,000명이 광고를 봤으면 300명이 샘플을 신청하고, 샘플을 사용해 본 300명 중 50명이 실제 구매를 하는 식입니다.

가정에서 쓰는 깔때기는 물을 부으면 물이 다른 데로 달아나지는 않지만, 마케팅에서의 깔때기는 자잘한 구멍이 있어서 구매 퍼널에 이르기까지 누수가 발생해 고객이 달아난다고 이해하시면 됩니다. 제가 퍼널을 만드는 기준을 고객 접점, 고객의 동선으로 잡은 이유가 이 때문입니다. 고객과 접촉하는 모든 순간에 최선의 서비스를 한다면 퍼널의 누수율이 줄어들테니까요. 누수율을 낮추면 낮출수록 우리는 적은 광고비만 사용해도 더 많은 매출을 낼 수 있게 됩니다.

④ 개념 4. 테스트 유닛

사짜 마케팅 린 프레임워크를 보면 광고 섬네일, 랜딩 페이지, 무료 선물, 무료 특강, 상담이라는 각 퍼널 아래에 여러 가지 항목이 붙어있죠? 예를 들어 광고 섬네일Thumbnail에는 '매체, 이미지, 카피'라는 3개의 항목이 있습니다. 이 항목 하나하나를 '테스트 유닛Test Unit'이라고 부릅니다.

우리의 목표는 적절한 마케팅 메시지를 광고로 만들어 고객에게 보여주고, 관심이 생긴 고객이 원활하게 상품 구매로 이어지게끔 하는 것입니다. 그를 위해 퍼널이라는 길을 깔아놨고, 고객이 불편함 없이 퍼널을 건너가야 합니다. 고객이 퍼널 도중 이탈하지 않고 상품 구매까지 이어지게 하기 위해서는 각 퍼널에서 최선의 서비스를 해드려야 하는데, 이때 성과 향상을 위해 우리가 통제할 수 있는 변수에는 무엇이 있는지 찾아서 쭉 나열해 보자는 것입니다.

나열한 항목 하나하나는 A/B 테스트를 통해 테스트 유닛이 되어서 이 테스트 유닛들을 고객이 선택하는 방향대로 바꿔나갑니다. 처음 한

두 개를 바꿨을 때는 큰 영향이 없겠지만, 모든 퍼널에 달려있는 모든 테스트 유닛을 전부 고객 취향대로 변경하면 여러분의 사업은 절대 고객에게 외면받지 않게 됩니다. 상품, 마케팅, 세일즈 프로세스 전체가 고객 맞춤형으로 특화되었기에 소액의 광고비만 사용해도 놀라운 성과를 얻게 될 것입니다.

⑤ 개념 5. A/B 테스트

테스트 유닛 하나하나를 고객이 선택하는 방향대로 최적화를 해나가는 것이 바로 A/B 테스트입니다. A/B 테스트는 마케팅 업계에서 정말 유명하면서 기초가 되는 이론입니다. 쉽게 말하자면 예능 프로그램에 자주 나오는 '이상형 월드컵과 같다'고 이해하시면 편합니다.

A와 B 2가지 버전을 만들어서 모든 조건을 동일하게 하되, 한 가지 변수만 다르게 설정하여 고객에게 A와 B를 제시합니다. 이후 사용자의 반응을 분석해서 더 효과적인 버전을 선택해 그 방향대로 발전해나가는 것입니다.

사짜 마케팅 린 프레임워크를 보면 맨 처음 광고 섬네일 퍼널에 매체, 이미지, 카피라는 테스트 유닛이 있죠? 매체에서는 네이버(A)에 광고하는 것이 더 효율이 좋을지, 인스타그램(B)에 광고하는 것이 더 효율이 좋을지 A/B 테스트를 합니다. 이미지는 광고 소재에 A와 B 둘 중 어떤 이미지를 써야 고객이 더 클릭할지, 카피도 A 안, B 안 중 어떤 카피를 고객이 더 선호할지 A/B 테스트를 한다고 보면 됩니다. 광고를 구성하는 요인을 분해해서 요소 하나하나에 대해 A/B 테스트로 효율을 끌어올리는 것이죠.

수강생 한 분의 10만 원 마케팅을 도와드린 적이 있습니다. 이분은 공유 숙박 사업을 전문으로 하는 분이었습니다. 공유 숙박 플랫폼을 활용해 임대 사업을 하셨는데요. 예를 들면 공유 숙박이 가능한 지역에 보증금 2,000만 원, 월세 70만 원인 오피스텔을 임대합니다. 방을 깔끔하게 청소하고, 감각있게 인테리어하며, 비품을 채워 넣은 다음 공유 플랫폼에 등록해 임대료 250만 원을 받는 식으로 사업을 했습니다.

달마다 월세를 내고도 180만 원의 매출이 나는 셈입니다. 이 일을 오래 해보니 공유 숙박으로 인기가 있는 매물을 보는 눈이 생겼고, 이 노하우를 다른 사람에게도 가르치는 교육 사업을 시작하는데 필요한 마케팅을 도와달라고 하셨습니다.

다음 페이지의 이미지는 수강생을 모집하기 위해 만들어서 실제 광고에 사용한 이미지 섬네일입니다.

3,000만 원으로 월세받는 노하우

초보자도 수익내는 공유플랫폼 운영 핵심 노하우

A 광고: 3,000만 원으로 월세 받는 노하우

B 광고: 초보자도 수익 내는 공유 플랫폼 운영 핵심 노하우

A 광고를 기획하게 된 배경은 이렇습니다. 공유 숙박 사업을 시작하려면 부동산을 임대하고 꾸며야 하기에 임대 보증금과 인테리어 비용이 들어갑니다. 따라서 넉넉잡아 2,000만 원에서 3,000만 원이라는 종잣돈이 있어야 시작할 수 있는 소자본 창업 아이템이었습니다. 그러니 현재 수중에 3,000만 원의 종잣돈이 있는 분들을 대상으로 광고를 해보자고 해서 만들어진 광고 소재입니다.

B 광고는 아예 처음부터 공유 숙박을 아는 사람을 타깃으로 했습니

다. 이 광고를 클릭한 사람은 게스트로 공유 숙박을 이용해 본 사람이 많을 테고, 개중에는 '나도 한 번 호스트를 해볼까?' 하는 니즈가 있을 것으로 예상했습니다. 니즈가 있는 만큼 설득이 더 쉽지 않을까 기대하고 만든 광고 소재입니다.

이 두 소재를 광고 설정, 예산, 기간, 랜딩 페이지 등은 똑같이 통일한 상태에서 메타 광고를 집행했습니다. 고객은 어떤 광고를 선택하나 A/B 테스트를 해본 것이지요. 결과는 어땠을까요? 상담 신청은 A가 B보다 더 많았습니다. 그러나 최종적인 효율은 B가 A보다 더 앞섰습니다.

왜 그랬을까요? A는 종잣돈이 있는 분들이 상담 신청을 한다는 장점이 있었으나, 이분들은 광고를 통해 알게 된 공유 숙박 창업 말고도 3,000만 원을 활용하기 위한 다양한 선택지를 고민하고 계셨습니다. 어떤 사람은 3,000만 원으로 주식투자를 하려고 했고, 어떤 사람은 3,000만 원으로 스마트스토어를 시작하려고 했습니다. 3,000만 원이 있으면 할 수 있는 재테크나 부업은 여러 가지가 있는데, 이 많고 많은 선택지 가운데 왜 공유 숙박을 해야만 하는가를 설득하기가 너무 어려웠습니다.

반면 B는 A와 비교해서 상담 신청하는 분도 적었고, 종잣돈이 없어서 시작하지 못하는 분도 계셨습니다. 하지만 다른 그 무엇이 아닌 공유숙박을 창업을 해보고 싶다는 니즈를 가진 분들이 지원했습니다. 이 분들은 상담이 정말 간편했습니다. '공유숙박에 관심이 있으신데도 어떤 점이 어려워서 지금까지 시작하지 못하셨나요?'라고 질문하면 고객이 술술 답변해 주셨습니다. 다음은 무료 수업, 무료 자료, 무료 상담 등을 통해 고객이 어렵고 힘들어하는 부분에 대해 명쾌한 해답을 알려드리면 상품 구매 퍼널까지 진도가 착착 나갔습니다.

이처럼 가설을 세워서 A 안, B 안을 만들고 고객에게 보여준 다음, 고객의 반응을 피드백해서 고객이 B 안을 선택했다면, 그 지점에서 다시 또 새로운 가설을 세워 A 안, B 안을 만들어 테스트 유닛의 성과를 점차 개선해나가는 것이 A/B 테스트입니다.

지금은 린 프레임워크에 있는 많고 많은 테스트 유닛 가운데 광고 한 가지에 대해서만 예로 들었지만, 퍼널에 있는 모든 테스트 유닛에 대해서 A/B 테스트를 진행해서 고객이 선택하는 방향, 내 사업에 전체적으로 이익이 되는 방향, 내 이상의 고객을 만날 수 있는 방향으로 최적화를 거듭한다면 점점 고객 친화적인 사업이 될 것입니다.

사짜 마케팅 역시 맨 처음 시작했던 때와 지금은 정말 많은 부분이 달라졌습니다. 계속해서 고객과 소통하면서 퍼널을 빼거나 추가하고, 테스트 유닛을 빼거나 추가하며, 테스트 유닛마다 A/B 테스트를 반복한 끝에 고객 만족도는 높아지고, 광고비는 줄어들었습니다.

전문직 분들이 정말 만족할 만한 상품이 되었는데 여기서 조심해야 할 것은 '나는 이제 전문직 고객에 대해서는 다 꿰고 있어!' 하고 자만하는 것입니다. 내가 고객에 대해 모르는 게 없다고 여기는 순간, 린 프레임워크의 진화는 멈추기 때문입니다. 그 사이 경쟁사가 저희보다 더 전문직 최적화를 해버리면 경쟁우위에 밀려 뒤처지게 됩니다.

따라서 초심을 잃지 않고 계속 고객과 소통하면서 A/B 테스트를 통해 린 프레임워크를 최적화해야 하는데요. 제가 추천하는 건 일정한 주기를 정해서 고객의 피드백을 꼼꼼하게 읽어보고, 이 피드백을 내 회사의 린 프레임워크와 대조해서 새로운 테스트 유닛과 A/B 테스트를 설계하는 시간을 가지라는 것입니다.

스케줄을 미리 빼놔서 그 시간만큼은 린 프레임워크를 계속 개선하는데 온전히 투자하자는 것이죠. 사업이 성장하면 성장할수록 대표는 할 일이 많아져서 바빠집니다. 직원을 채용해도 그렇습니다. 너무 바빠지면 중요하지만 급하지 않은 일부터 빼먹게 되기에 미리 일정을 잡아두면 꼭 해야만 하는 일을 건너뛰는 실수를 방지할 수 있습니다.

8

기본 중의 기본,
시장조사와 마케팅 기획서 만들기

앞장에서 많은 사장님이 홈페이지, 서비스도 제대로 준비가 안 되었는데 광고부터 고민하고 있으며, 그래서 대부분 스타트업 초기 팀 구성이 대표, 개발자, 마케터 3명으로 이루어진다고 잠깐 언급했었습니다.

여기까지 책을 읽은 여러분은 이제 잘 아실 것입니다. 본격적으로 돈을 쓰는 광고는 메시지, 상품, 서비스, 퍼널 등이 어느 정도 정비된 다음에 해야 한다는 것을요. 무턱대고 광고를 하는 것이 아니라, 내가 지금 광고한다면 단 한 사람이라도 구매 고객을 만들 수 있을 것인지 근본적인 구조를 살펴볼 줄 알아야 하는데요. 이것만 볼 수 있어도 불필요한 광고비의 낭비를 막을 수 있습니다.

그러기 위해 가장 중요한 것이 메타 인지입니다. 내 관점에서만 시장, 고객을 보는 것이 아니라 만약 '내가 소비자라면 시장에 있는 내 회사의 상품과 여러 경쟁사의 상품 가운데 과연 내 상품을 구매할 것인가?'를 파악할 수 있어야 합니다. 나, 고객, 경쟁사를 넓게 조망해야 내가 지금 광고를 해도 되는 타이밍인지, 고객을 만나 상품을 보여주고 발전시켜야 하는 단계인지를 올바르게 판단할 수 있습니다.

메타 인지에 대해 한 가지 예를 들어보겠습니다. 한 사장님이 오랜 시간 공을 들여서 라면 전문점을 개업했습니다. 라면 전문점 바로 옆에는 분식집이 있다고 가정하겠습니다. 라면 전문점의 라면은 5,000원이고, 분식집에서 파는 라면은 2,500원입니다. 소비자들은 당연히 왜 라면 가격이 옆 분식집보다 2배나 더 비싼지 궁금할 것입니다. 라면 전문점의 라면은 버섯전골을 벤치마킹한 버섯 라면으로 기존 라면보다 쫄깃한 식감과 풍성한 버섯 향이 장점이었습니다. 손님에게 이 점을 말해주면 손님은 사장이 설명한 맛과 라면에 들어간 버섯의 양을 보며 5,000원이라는 가격이 합당한가 고민해 볼 것입니다. 이때 버섯의 양이 적다고 느껴지거나 국물 맛이 별로면 호기심에 한 번 사 먹는 손님은 있어도, 2번 팔기는 힘들 수 있습니다. 옆의 분식집에 가면 5,000원으로 라면에 김밥까지 먹을 수 있기 때문입니다.

아무리 그래도 '설마 이런 일이 현실에서 있을까?' 하고 생각하겠지만, 시청률이 높았던 〈골목식당〉이라는 프로그램만 보더라도 매주 이와 비슷한 사례가 나오는 걸 볼 수 있습니다. 가게 사장은 예전부터 라면을 좋아해서 라면 전문점을 차렸을 것입니다. 사장님이 가장 맛있다고 자부하는 버섯 라면을 소비자는 외면할 수도 있고, 가게를 낸 상권이 라면을 판매하기에는 적합하지 않을 수도 있으며, 바로 옆에 5,000원으로 라면과 김밥을 같이 먹을 수 있는 분식집이 있어서 손님을 뺏길 수도 있습니다.

무작정 가게를 내기 전에 메타 인지를 가진다면 더 나은 선택이 가능해집니다. 이 상권의 유동인구가 몇 명인지, 주로 어떤 연령대·성별의 사람이 많이 지나다니는지, 주변에 어떤 가게들이 있는지를 보면서 내가 이 자리에 라면 가게를 해도 되나 안 되나 판단할 수 있으니까요.

오프라인 매장 외의 다른 사업도 마찬가지입니다. 광고하기 전에 상품 생산자인 내 입장에서 잠시 벗어나 소비자, 경쟁사까지 시점을 넓혀야 내가 어떤 상품을 팔고, 어디에 어떻게 광고해야 하는지 올바른 판단을 내릴 수 있습니다.

그렇다면 메타 인지를 어떻게 얻을 수 있을까요? 제가 추천하는 방법은 직접 시장조사를 하면서 일종의 보고서, 기획서를 작성해 보는 것입니다. 양식에 맞춰 내가 조사한 것들을 채우면 시각화된 결과물이 생기기에 머리로만 생각하는 것보다 더 많은 것들이 보이기 시작합니다. 이렇게 정리한 내용을 직원, 대행사와 공유하며 전략 회의를 할 수도 있을 것입니다.

보고서, 기획서라고 해서 대기업이나 컨설팅 펌에서 사용하는 거창하고 난해한 문서를 떠올리지 않아도 됩니다. 남에게 보여주기 위한 서류가 아니라 작성하는 과정에서 내 시야를 넓히는 것이 가장 큰 목적이니까요. 여기서는 제가 개인적으로 사용하는 샘플을 소개하겠습니다.

시장조사 보고서					
나		**고객**		**경쟁사**	
상품		고객 그룹		경쟁자	
어필					
메인 어필		그룹 1		지향	
광고 목표					
구매동선		그룹 2		지양	
마케팅 채널		그룹 3			
광고 예산					
광고 기간					

기획서		
목표 & 퍼널	타겟 & 베스트 원 & 메시지	향후 방향

보고서, 기획서 샘플

일단 짙은 파란색으로 시장조사 보고서, 기획서로 나누어져 있습니다. 시장조사를 하면서 먼저 위의 보고서 부분을 채운 다음, 보고서 내용을 토대로 아래의 기획서 부분을 채우면 됩니다.

먼저 기획서를 살펴보겠습니다. '목표, 퍼널, 타깃, 베스트 원, 메시지, 향후 방향까지 총 6가지 항목이 있습니다. 이것들은 내가 광고를 하기 전에 미리 고심해서 정해야 할 요소입니다. 내가 광고하려는 목적이 무엇인지, 광고를 본 고객이 상품에 도달하기까지의 퍼널은 어떻게 되는지, 어떤 타깃에게 광고할 것이며, 어떤 특장점과 메시지를 어필할 것인지는 아는 상태에서 광고를 해야 하니까요.

이때 보고서를 먼저 채우고 기획서를 나중에 작성하는 이유가 있습니다. '보고서'라고 쓰여 있는 바로 아래를 보면 나, 고객, 경쟁사라는 3개의 큰 카테고리로 나뉘죠? 이 3가지를 전부 조사한 다음에 기획서를 써야 메타 인지를 갖춘 상태에서 기획할 수 있게 됩니다. 보고서를 선행하지 않고 바로 기획서를 쓴다면 나, 고객, 경쟁사 3가지 중 나에 대해서만 아는 상태로 기획을 하게 되므로 라면 전문점의 비극이 재발할 수 있습니다.

그럼 보고서의 각 영역을 어떻게 써야 하는지 봅시다. 먼저 '나' 항목은 따로 조사할 필요 없이 내가 아는 지식을 최대한 쓰면 됩니다. 상품은 말 그대로 여러분이 파는 상품이나 서비스에 관해 적습니다.

그 다음의 '어필'은 내 상품이 고객에게 어필할 수 있는 소비자 혜택을 최대한 적으면 됩니다. 예를 들어 내가 수학학원을 한다면 어떤 소비자 혜택을 어필할 수 있을까요? 만약 학원에 일타 강사가 있다면 우리 학원은 강사진이 훌륭하다고 어필할 수 있겠죠. 다른 학원과 달리 창의적인 방식으로 수학을 가르친다고 교수법이나 커리큘럼 등을 어필할 수도 있을 것입니다. 학원에 전국 모의고사 1등이 많이 다닌다면 원생들의 우수함을 장점으로 내세울 수도 있겠네요. 이처럼 내세울 수 있는 모든 것을 다 적어봅시다. 바로 아래에는 '메인 어필'이 있습니다. 위에서 말한 여러 가지 어필이 다 좋지만, 그래도 굳이 하나를 꼽자면 나는 이걸 가장 내세우고 싶다는 걸 메인 어필로 정하면 됩니다.

광고 목표는 '그냥 상품을 팔기 위해서라고 적으면 되지 않나?' 싶으실 것입니다. 그런데 꼭 그렇지도 않습니다. 내가 쇼핑몰을 한다고 치면 제품을 구매하라는 광고를 할 수도 있지만, 어떤 이벤트에 참가하라고 광고할 수도 있습니다. 만약 회원가입 이벤트를 한다면 광고의 목표는 회원가입이 될 것입니다. 학원 역시 수업에 등록하라는 광고를 할 수도 있겠지만, 상담을 한 번 받아보라고 광고하거나 설명회에 참석하라고 광고할 수도 있습니다.

광고 목표에 따라 고객의 구매 동선이 달라지고, 고객 구매 동선이 달라지면 린 프레임워크의 퍼널 순서가 달라집니다. 따라서 현재 내가 최우선적으로 달성해야 할 과제가 무엇인지 고민하면서 광고 목표와 구매 동선을 적어보시길 바랍니다.

다음으로 마케팅 채널입니다. 여기서는 어떤 채널에 광고할 것인지를 정해야 하는데요. 네이버, 인스타그램, 유튜브, 구글, 카카오처럼 여러분이 자주 이용하는데 광고 혹은 광고성 콘텐츠가 보이는 플랫폼을 마케팅 채널이라고 여기면 됩니다. 만약 내가 자주 사용하는데 광고나 광고성 콘텐츠가 하나도 보이지 않는다면 그곳을 통해서는 광고하지 않는 것이 좋습니다. 마케팅 채널에 관해서는 파트 3에서 구체적으로 설명하겠습니다.

광고 예산을 정할 때는 밑에 있는 '광고 기간'과 함께 정하는 것이 좋습니다. 광고 기간은 성과를 낼 때까지 버틸 수 있는 기간으로 여겨야 합니다. 저한테 마케팅 대행을 의뢰하러 오는 대표님께 "광고를 어느 정도 진행하실 건가요?"라고 질문하면 대부분 한 달 정도라고 답변하십니다. 한 달 정도 광고를 해보고 매출이 생기면 기간을 더 연장하고 광고 예산도 늘리겠다고 말입니다.

하지만 한 달은 너무 짧습니다. 광고 기간은 넉넉하게 6개월 정도를 잡아주세요. 모든 광고는 초기 테스트가 필요합니다. 광고의 신이 아니고서야 처음부터 잘 팔리는 광고를 만들 수는 없습니다. 만약 오늘 광고해서 내일 성과가 나와야 하는 상황이라면 광고보다는 다른 방법을 찾는 것이 낫습니다.

광고를 이렇게도 만들어보고, 저렇게도 만들어보는 A/B 테스트를 하는데 일정 기간이 소비되고, 그렇게 발굴한 좋은 광고를 유지하는 기간이 또 필요하기에 6개월 정도가 필요합니다. 광고 예산도 이에 따라 6개월 동안 사용해도 회사에 아무런 타격이 없는 수준 내에서 정하는 것이 좋습니다.

이제 보고서에서 나 옆의 '고객'을 살펴보기로 하겠습니다. 고객과 경쟁사는 나와 달리 내 지식만으로는 칸을 채울 수 없습니다. 다소 손품, 발품을 팔아 조사한 내용을 적어야 합니다. 인터넷으로 검색해서 알 수 있는 내용은 손품을 팔고, 주변 지인에게 물어보거나 오프라인 매장을 조사해야 한다면 발품을 팔아야 합니다.

고객에서 가장 먼저 할 일은 '고객 그룹을 정하는 것'입니다. 내 상품을 구매할 고객 그룹을 전부 적으면 되는데요. 다시 수학학원을 예로 들어보겠습니다. 수학학원이라는 똑같은 사업 아이템도 장소와 상황에 따라 고객 그룹이 다양합니다. 대치동처럼 학군이 좋은 동네라면 수학을 못 하는 학생 수가 적을 것입니다. 그렇다면 2등급 전문 수학학원을 차려서 여러 고객 그룹 중 현재 수학 2등급인 학생만 전문적으로 가르쳐서 1등급을 만들어주는 학원이 나을 수도 있습니다.

만약 내가 학원을 차린 곳 근처에 공업 고등학교가 많다면 고객 그룹이 달라집니다. 이런 곳은 수학을 그렇게 좋아하지는 않지만, 그 수학을 포기할 수는 없는 상황인 학생들이 많을 것입니다. 그렇다면 등급이 낮은 학생들을 대상으로 수학을 포기하지 않게끔 쉽고 재미있게 가르치는 콘셉트가 더 유효할 것입니다.

이처럼 내 상품을 구매할 고객 그룹은 어떤 그룹들이 있는지 쭉 적어주세요. 적은 그룹을 그룹 1, 그룹 2, 그룹 3… 이렇게 배분합니다. 그리고 각 그룹의 소비자가 어떤 니즈를 가지고 있는지 옆에 적어줍니다. 이 니즈를 적는 부분을 많이들 어려워하십니다. 내 주변에 관련 상품을 실제로 구매해 본 지인이 있다면 전화를 걸어서 역추적 트레이닝하듯이 질문해 보면 많은 도움이 됩니다.

내 주변 소수 몇 사람 이야기만 들어서는 표본이 부족하니 온라인 조사도 같이 해봅시다. 제품이라면 스마트스토어, 쿠팡에 들어가 내 제품과 비슷한 경쟁사 제품의 후기를 전부 읽어보세요. 어떤 사람이 무슨 이유로 어떤 상황에서 해당 상품을 구매하는지 니즈를 알 수 있습니다.

만약 수학학원 같은 서비스라면 맘 카페처럼 고객이 모인 커뮤니티에 들어가서 키워드를 검색해 보면 학부모들이 자식 수학 교육으로 무엇을 고민하는지 생생한 사연을 접할 수 있습니다. 이를 보면서 고객이 어디에 불편함을 느끼는지, 어떤 상품을 원하는지 니즈를 정리할 수 있게 됩니다.

시장조사 보고서의 마지막은 경쟁사입니다. 내 경쟁자가 누구인지 아는 건 매우 중요합니다. 소비자는 5,000원 버섯 라면 대신 경쟁사인 분식집에서 라면과 김밥을 먹을 수 있으니까요. 그것 말고도 경쟁자를 공부해야 하는 이유는 옆집만 경쟁자는 아니기 때문입니다. 다양한 경쟁자가 여태껏 어떤 마케팅을 했는지 알아야 이들이 잘하는 부분은 나도 흡수해서 뒤쫓아갈 수 있고, 경쟁자가 실수하는 부분이 있으면 나는 그러한 실수를 하지 않아야 시간과 비용을 아낄 수 있습니다.

경쟁자가 하는 게 좋아 보인다고 무조건 따라 해서는 안 됩니다. 이들이 왜 이걸 하는지 고민해 보고, 그게 내 상황과 여건에도 들어맞는지도 고려해야 합니다. 비용은 적게 쓰고 실천할 수 있는 아이디어라면 해보는 걸 추천합니다.

요즘은 제품이든 서비스든 특정 업체를 먼저 경험해 본 이들이 스마트스토어, 쿠팡, 블로그 등에 후기를 남깁니다. 경쟁사 상품의 후기와 블로그 체험단 글만 챙겨서 읽어도 많은 정보를 얻을 수 있습니다. 만약 오프라인 매장을 한다면 발품을 팔아서 직접 서비스를 체험해 보시길 바랍니다. 그러면서 '우리 회사도 이런 건 하면 좋겠다' 싶은 걸 지향점에 쓰고, '우리 회사는 이런 걸 하면 안 되겠다' 싶은 건 지양점에 적으면 됩니다.

이렇게 보고서가 완성되면 나, 고객, 경쟁사에 대한 메타 인지가 있는 상태에서 기획서를 작성할 수 있겠지요. 아마도 보고서를 쓰기 전과 비교해서 현실적이고 구체적인 기획서가 나올 것입니다. 소비자들이 원하면서, 경쟁사에는 없는, 나만이 줄 수 있는 소비자 혜택을 기준으로 기획서를 작성해 보세요.

내가 광고하려는 목표가 무엇인지, 이에 따라 퍼널이 만들어집니다. 내 고객 그룹 가운데 어떤 그룹에게 무엇을 어필하여 어떤 마케팅 메시지로 광고할 것인지가 정해집니다. 향후 방향은 경쟁사 분석을 통해 지향할 점과 지양할 점을 종합하여 사업을 어떤 방향으로 이끌어나갈 것인지를 적으면 됩니다.

다음 장으로 넘어가기 전에 '기획서의 베스트 원'에 대해 한 번 더 설명하겠습니다. 보통 마케팅 책을 보면 차별화의 중요성을 강조합니다.

차별화가 없으면 소비자가 경쟁사 보다 내 상품을 구매할 이유가 없으니까요. 제가 굳이 차별화라는 말을 안 쓰고 '어필할 수 있는 여러 소비자 혜택 가운데 그래도 이게 가장 낫겠다 싶은 베스트 원을 고르라'고 한 이유는, 차별화가 힘든 상황에서 억지로 차별화하려고 하면 차별화를 위한 차별화밖에 되지 않기 때문입니다.

나는 이게 차별화라고 여기지만 고객은 사실 그 차별화를 원하지 않는다면 이상한 상품 취급만 받고 끝납니다. 경쟁사와의 차별화는 중요하지만, 그 차별화에는 고객 니즈와 접점이 있어야 합니다. 고객 니즈와 연관이 없는 차별화는 단지 차별화를 위한 차별화입니다.

또한 대부분 스타트업, 소상공인 대표님은 이렇다 할 차별화가 없는 상태에서 사업을 시작하는 일이 많습니다. 내가 이렇다 할 차별화를 내세울 수 없는 상황이라면 하다못해 다른 경쟁사와 동등한 입장까지는 되어야 합니다. 5성 호텔 주방장 수준의 라면은 끓이지는 못해도, 동네 맛있는 분식집 수준의 라면은 끓여야 할 줄 아는 것처럼 말입니다.

동등한 입장까지만 와도 경쟁사보다 뭐라도 혜택을 더 주고, 더 서비스를 해주면 어떻게든 영업은 이어갈 수 있습니다. 계속해서 고객을 만나 의견을 묻고, 테스트 유닛을 만들며 A/B 테스트를 거듭하면 어느 순간부터 우리 회사만의 차별화가 생기기 시작할 것입니다.

내 사업의 마케팅 메시지를
효과적으로 만드는 방법

이번 챕터는 정말 중요합니다. 내 회사, 내 상품의 마케팅 메시지를 만드는 방법인데요. 앞서 보셨다시피 린 프레임워크의 맨 처음 출발점은 마케팅 메시지로부터 시작합니다. 첫인상이 80퍼센트라는 말이 있듯이, 맨 처음 고객과 만나는 메시지가 타깃 고객의 흥미를 끌어내고, 마음을 움직여야 사업이 시작됩니다.

반대로 마케팅 메시지가 없으면 아무리 광고비를 쏟아부어도 밑 빠진 독에 물 붓기가 될 수 있습니다. 여러분이 평상시 보는 수많은 TV CF 가운데 지금도 기억날 정도로 메시지가 명확한 광고가 몇 없는 것처럼 말입니다.

이렇게 중요성을 강조하면 중압감 때문에 마케팅 메시지를 만드는 걸 힘들어하는 분들이 계십니다. 너무 어렵게 여기진 마세요. 먼저 대기업처럼 거창한 메시지를 만들겠다는 생각부터 버려주세요. 마케팅 메시지를 만든다고 하면 대개 대기업의 메시지를 공부합니다. 그런데 사실 대기업은 어떤 메시지를 써도 멋지고 위대해 보이고, 이제 막 시작한 스타트업은 어떤 메시지를 써도 초라해 보입니다.

예를 들어 나이키의 '저스트 두 잇Just Do It.'이나 애플의 '싱크 디퍼런트Think Different.'는 나이키와 애플이기 때문에 훌륭한 메시지가 됩니다. 만약 동네 작은 신발가게가 '저스트 두 잇'을 말하고, 용산의 컴퓨터 전자상가에 '싱크 디퍼런트'가 적혀있으면 사람들은 뭐라고 할까요? 십중팔구 구멍가게 주제에 폼 잡지 말라는 반응을 보일 것입니다.

스타트업, 소상공인은 대기업처럼 거창한 메시지를 만들 필요가 없습니다. 나중에 중견기업으로 성장하고 나서 바꾸면 됩니다. 처음에는 화려하지 않고 투박하더라도 고객의 관심을 끄는 메시지를 써야 합니다. 내가 컴퓨터 매장을 하고 있다면 싱크 디퍼런트를 말하는 것보다, '대학생이 학교 과제하고 LOL하는데 최적화된 게이밍 컴퓨터.' 같은 구체적인 메시지가 차라리 낫습니다. 이런 메시지는 싱크 디퍼런트처럼 멋있지는 않지만, 그래도 LOL을 좋아하는 대학생들이 노트북을 구매할 것이기 때문입니다.

즉, 마케팅 메시지 제작의 핵심은 내 상품을 구매할 타깃이 평상시 가지고 있는 고민을 해결해 주거나, 이들의 욕망을 충족시켜줄 수 있는 내용으로 만드는 것입니다. 그 메시지는 듣고 나서 그게 무슨 의미인지 한 번 더 고민해야 하는 어려운 말보다는, 들으면 무슨 의미인지 바로 이해할 수 있는 직관적이고 쉬운 게 더욱 좋습니다.

예를 들어 제가 사짜 마케팅을 배우는 변호사 수강생들에게 항상 하는 말이 있습니다. '승소'라는 단어를 쓰지 말라는 것입니다. 그렇다면 무슨 단어를 써야 할까요? 그냥 '재판에서 이긴다'라고 표현하면 됩니다. 이 둘은 같은 의미이지만, 승소는 법률가들이 쓰는 말입니다. 변호사를 찾아오는 대부분 고객은 법률 공부를 안 하는 일반인이기에 평소 승소라는 단어를 잘 사용하지 않습니다.

승소의 뜻

그래서일까요? 네이버에 승소를 검색하면 연관검색어로 '승소 뜻'이 가장 먼저 나오는 걸 볼 수 있습니다. 사실 다른 법률 전문용어와 비교하면 승소 정도는 일반인도 많이 알고 있는 단어지만, 내 고객 100퍼센트가 다 승소에 대해 알지는 않을 것입니다. 10명 중 7명이 알고, 3명이 모른다면 이 3명을 위해서 '재판에서 이겼다'라고 표현하는 편이 낫겠죠?

타깃 고객의 고민과 욕망을 알아보는 방법으로 앞에서 시장조사하는 방법을 말씀드렸는데요. 시장조사와 더불어 평소 관찰을 잘하셔야 합니다. 정말 별거 아닌 것 같은 일상에서 마케팅 메시지 제작의 실마리가 발견되곤 합니다.

제가 예전에 친구와 함께 저녁을 먹은 적이 있습니다. 둘 다 김치찌개를 좋아해서 김치찌개 전문 식당에 갔습니다. 친구가 앞접시에 자기 몫의 김치찌개를 덜면서 말했습니다. "에이, 이 집은 김치찌개에 고기가 얼마 없네."

이 말을 들으면서 만약에 제가 김치찌개 전문 식당을 창업한다면 손님들이 친구처럼 불만을 품는 일이 없도록 고기를 잔뜩 넣은 김치찌개를 만들어야지 싶었습니다. 친구는 아무 생각 없이 무심코 한 말이지만, 저 역시 여러 김치찌개 집에 갔을 때 돼지고기를 잔뜩 넣어주는 김치찌개를 좋아합니다. 아마 저와 친구 말고도 대부분은 고기를 많이 넣어주는 김치찌개를 좋아할 것입니다.

고기를 듬뿍 넣어주는 김치찌개 전문 식당. 그렇다면 이런 식당의 마케팅 메시지는 어떻게 만들면 좋을까요? 저라면 '고기 폭탄 김치찌개'라고 할 것 같습니다. 이렇게 마케팅 메시지를 정했으면 고객이 볼 수 있는 곳곳에 메시지를 노출해야 합니다.

산처럼 고기가 쌓인 김치찌개 사진에 '고기 폭탄 김치찌개'를 적은 이미지를 만들어서 가게 앞에 X 배너로 전시하고, 메뉴판에도 넣고, 회사 홈페이지나 블로그 SNS 계정에도 보여주면 좋겠죠. 유튜브 채널에는 고기 폭탄 김치찌개를 만드는 동영상을 올려놓고, 이를 광고 소재로도 사용한다면 사람들은 주변에 그냥 김치찌개 전문점 보다는 고기 폭탄 김치찌개를 먹으러 올 것입니다.

참고로 이 책의 제목인 '10만 원 마케팅'이라는 메시지도 정말 사소한 관찰로부터 만들어졌습니다. 마케팅 대행사 직원이었을 무렵부터 직접 대행사를 창업하게 된 지금까지 저는 수많은 이들을 만나며 자기소개를 하고 명함을 교환했습니다. 제가 명함을 건네며 마케팅을 하는 사람이라고 소개하면 다들 묻는 공통적인 질문이 있었습니다.

"광고비는 얼마가 있어야 가능합니까?"

"제가 ○○ 광고를 해보고 싶은데 견적이 어떻게 되나요?"

앞서 많은 사람이 마케팅을 '마케팅 = 광고 = 돈'의 삼단논법으로 생각한다고 했는데요. 실제 사람들의 인식이 그랬습니다. '마케팅은 돈 많이 써서 광고하는 것'이라고 여기더라는 것이죠. 그래서 대행사를 시작하고 나서는 마케팅 메시지를 만들 때 돈과 관계된 메시지를 만들어야겠다고 결심했습니다.

이건 정말 중요한 부분입니다. 여러분도 사람을 만나 내가 하는 일이 무엇인지에 관해 대화를 나눌 때 사람들이 나에게 무엇을 물어보는지 유심히 관찰해 보세요. '가장 많이 물어보는 질문'이야말로 고객이 가장 갈증을 느끼는 니즈일 확률이 높습니다. 거기서부터 메시지를 만들면 실패 확률이 낮은 편입니다.

본론으로 돌아와서 '이왕 돈과 관계된 메시지를 만들 거라면 구체적인 액수를 넣으면 사람들이 더 반응하지 않을까?' 하는 가설을 세웠습니다. 그때부터 사람을 만나거나, 어디 모임에서 자기소개할 때 구체적인 액수를 넣어서 사람들의 반응을 살펴봤습니다.

한때는 10만 원 마케팅이 아니라 "저는 100만 원 마케팅하는 사람입니다.", "저는 50만 원 마케팅하는 사람입니다." 하고 말하고 다녀봤습니다. 이렇게 말했을 때 그 정도면 광고할 만하다며 대행을 맡기는 사람도 있었지만, '나는 지금 당장 100만 원도 없다'는 스타트업 대표님도 계셨습니다.

그래서 이번에는 금액을 확 낮춰서 "저는 0원 마케팅을 하는 사람입니다.", "저는 1만 원 마케팅을 하는 사람입니다."라고 말해봤습니다. 그러자 사람들이 너무 거짓말 같고, 제가 수상해 보였는지 더 깊이 물어보지 않았습니다.

이렇게 여러 금액을 A/B 테스트한 결과 10만 원 마케팅이 가장 반응이 좋았습니다. 0원 마케팅이나 1만 원 마케팅처럼 너무 허무맹랑한 이야기처럼 들리지도 않고, 50만 원 마케팅이나 100만 원 마케팅처럼 광고비가 부담되지도 않으니까요. '광고비가 10만 원 정도라면 한 번 해볼만 한데?'라며 도전 정신, 동기부여를 끌어낼 수 있었습니다.

시장조사와 관찰을 통해 '10만 원 마케팅, 고기 폭탄 김치찌개' 같은 첫 메시지를 정했다면, 이것이 정말 소비자가 원하는 말인지 검증해야 합니다. 가장 좋은 검증 방법은 실제 소비자에게 물어보는 것입니다. 사짜 마케팅을 막 시작했을 때 제가 선생님과 제 주변 전문직 지인들에게 물어보고 다녔던 것처럼, 타깃 고객에게 바로 물어볼 수 있으면 가장 좋지만, 그럴 수 없으면 가족, 친구에게라도 물어보는 것이 좋습니다.

질문할 때 주의할 점이 있습니다. '답정녀'를 하면 안 됩니다. 답정녀 는 '답은 정해져있고, 너는 대답만 하면 돼'의 줄임말입니다. 상대방의 의견을 물어보려고 질문하는 것 같지만, 사실 듣고 싶은 대답이 뻔히 정해져 있는 사람을 비꼬는 용어입니다.

예를 들어 창업한 사람이 지인에게 "우리 상품을 써보니 어떠냐?"라 고 물었다고 칩시다. 지인은 별로라고 느꼈던 부분을 솔직하게 말해줬 습니다. 그런데 제가 지인에게 "네가 이쪽 업계를 잘 몰라서 그런 말을 하는 거야."라고 답하면 어떨까요? 그 지인은 다시는 진솔한 피드백을 해주지 않을 것입니다.

정말 친한 사이가 아니고서는 솔직하게 말해달라고 해도 정말 있는 그대로 말해주는 사람은 몇 명 없습니다. 괜히 부정적인 평가를 하면 상대방의 기분을 상하게 만드니까요. 그래서 질문을 요령껏 잘해야 합 니다. 저는 다음과 같이 물어보곤 합니다.

Q. 친구야. 내가 ○○을 한 번 만들어보려고 하는데, 검색을 해보니 까 내가 만들려고 했던 상품과 비슷한 걸 만든 회사가 있더라? 근데 제 대로 알지도 못하고 만들었더라고. 같은 업계 사람으로서 너무 짜증이 나더라고. 네가 봤을 때는 어때?

이는 마치 경쟁사 상품에 관해 물어보는 것 같지만, 사실 자기의 상품에 관해 물어보는 질문입니다. 이렇게 질문하면 지인은 어차피 남의 상품이고, 물어본 사람이 먼저 짜증을 냈기에 거리낌 없이 부정적인 부분을 비판할 수 있게 됩니다. 물론 이때 포커페이스를 유지하면서 끝까지 들어야겠죠? 누가 봐도 합당한 비판이라면 고치고, 근거 없는 비난이라면 거르면 됩니다.

소비자의 니즈를 반영해 메시지를 바꾸면 다시 다른 사람에게 질문해 봅시다. 여러 사람에게 물어봤는데도 긍정적인 평가가 계속된다면, 해당 메시지를 노출할 수 있는 곳에 최대한 하고 광고를 통해 진짜 고객과 만나면서 린 프레임워크를 개선하는 단계로 나아가면 됩니다.

10

마케팅 메시지를
스토리텔링으로 만드는 법

마케팅 메시지를 만들었으면 추가로 꼭 만드셨으면 하는 것이 바로 '내 회사만의 브랜드 스토리텔링'입니다. 마케팅 책을 보면 스토리와 스토리텔링의 중요성을 강조하는 책이 많은데요. 저도 스토리의 중요성에 대해서는 전적으로 동의합니다. '광고 = 기억'이라고 가정했을 때, 가장 사람들의 기억에서 잊히지 않는 건 스토리텔링이기 때문입니다.

여러분은 학창 시절 읽었던 교과서 내용이 기억나나요? 거의 기억나지 않을 것입니다. 반면 학창 시절 감명 깊게 본 영화는 어떤가요? 똑같이 학창 시절에 봤는데도 세세한 줄거리까지 다 기억날 것입니다. 이것이 스토리의 힘입니다.

아마 옛날 사람들도 이런 이야기의 힘을 잘 알고 있었기에 삶의 교훈을 있는 그대로 말하는 게 아니라, 〈토끼와 거북〉이나 〈흥부와 놀부〉 같은 이야기로 만들어서 구전해온 것이 아닐까 싶습니다. 유명한 전래동화만큼은 아니더라도, 스토리를 잘 만들어두면 많은 사람의 기억 속에 내 상품이나 내 회사를 남길 수 있습니다.

스토리를 만들자고 하면 메시지 때와 마찬가지로 다들 어려워합니다. 흔히 브랜드 스토리텔링이라고 하면 에비앙이나 실리콘밸리의 성공 신화를 연상하는데요. 이런 대단한 스토리와 비교하면 나는 스토리가 없다고 여기는 것입니다. 하지만 사실 여러분은 다 스토리를 가지고 있습니다. 내가 창업을 하게 된 계기, 내가 창업하면서 겪은 일, 창업한 나를 응원해 주는 지인들, 내가 만난 고객들 모든 것이 다 스토리입니다.

참, 제 회사의 스토리에 대해서 아직 말씀을 안 드렸던가요? 파트 1에서는 10만 원 마케팅에 대한 스토리만 말씀을 드렸군요. 여기서는 제가 운영하는 인스텝스를 예시로 스토리텔링에 대해 설명하겠습니다.

때는 2011년, 겨울이었습니다. 저는 〈TEDx 해운대〉라는 발표회에 참가했습니다. 여러 발표자가 어떤 아이디어로 세상을 바꾸고 있는지 많은 이들 앞에서 강연했습니다. 그 가운데 '트리플래닛'이라는 앱을 만든 김형수 대표의 발표는 저에게 적잖은 충격을 줬습니다.

김형수 대표는 당시 나무를 키우는 게임 앱을 만들었습니다. 게임에서 일정 단계 이상 나무를 키우면 진짜 나무를 내 이름으로 심어주는 일을 했습니다. '나무를 심어서 환경문제를 해결하겠다'는 이분의 미션도 훌륭했지만, 그것을 기존에 없던 방식으로 풀어나가는 것이 너무 참신했습니다.

저도 이와 비슷한 일을 하고 싶어서 비슷한 창업 아이템을 계속 고심했는데, '이거다!' 싶은 아이디어가 쉽게 떠오르지 않았습니다. 저는 매일 밤 살을 빼기 위해 아파트 단지를 걷는 습관이 있는데요. 하루에 얼마나 걷는지 알고 싶어서 만보기 앱을 켜고 걸었습니다. 시간으로는 약 1시간 정도 매일 똑같은 거리를 걷는데 항상 7킬로미터 정도를 걸었습니다.

운동을 마치고 집에 돌아와 네이버에 7킬로미터를 검색했더니 이외의 사실을 발견할 수 있었습니다. 아프리카의 어린아이들이 매일 마실 물을 구하기 위해 걷는 거리가 7킬로미터라는 것입니다. '나는 살을 빼기 위해 7킬로미터를 걷는데, 이들은 생존을 위해서 7킬로미터를 걷는구나. 이들을 도울 방법이 없을까?' 이렇게 고민하다 대행사를 그만두고 인스텝스Insteps라는 회사를 창업하게 됩니다.

인스텝스에는 2가지 의미가 내포되어 있습니다. 하나는 인스테드

오브 스텝스Instead Of Steps로 '누군가를 위해 대신 걷다'라는 의미입니다. 다른 하나는 인스텝Instep에는 발등이라는 뜻이 있는데, 무거운 물을 긷는 아이들이 물통을 머리에 이고 집으로 올 때 발등만 보고 온다고 합니다. 아프리카 아이들은 살기 위해 멀리 있는 우물까지 왕복 14킬로미터를 걷는데, 우물이 좀 더 여러 개 생기면 힘도 덜 들고 그 시간에 학교에 갈 수 있으면 좋지 않을까 싶었습니다. 그래서 앱을 켜놓고 매일 걷는 저처럼, 사람들이 걸을 때 켜놓는 앱을 만들고 광고주와 연결해서 발생하는 수익의 일부를 아프리카 우물 건설에 사용하는 사업을 꿈꿨습니다.

지금은 우물 건설 대신 광고주를 위해 대신 걷는 광고 대행사로 업종 전환이 되었지만, 회사 로고는 사람이 걷는 모양으로 만들었습니

인스텝스 로고 및 브랜드 메시지

다. 창업 초기 서비스를 알리기 위해 여러 창업대회에 나가서 '아프리카 아이들이 물을 긷기 위해 7킬로미터를 걷는다는 이야기, 머리에 무거운 물을 이고 발등만 보며 걷는 아이들을 대신해서 걷자'는 스토리를 꼭 말했었습니다. 이때 당시 저를 만났던 분들은 아직도 김기현이라는 제 이름은 기억하지 못해도, "아, 그때 그 우물 만드는 대표님?" 하고 스토리를 기억한다고 말해주곤 합니다.

창업대회처럼 준비된 자리에서는 다들 긴 이야기를 들어줬지만, 가볍게 소개하는 자리에서는 구구절절 이야기하기가 힘들었습니다. 그래서 고안해낸 방법이 바로 '질문을 활용하는 것'이었습니다

나: 하루 몇 걸음 정도 걸으세요?

상대: 글쎄요? 한 만 걸음?

나: 그 걸음이 사람을 살리게 된다면 어떨까요? 제가 하는 일이 그 일입니다.

이렇게 말하자 많은 이들이 흥미를 느끼고 인스텝스의 스토리를 자세히 들어줬습니다.

Greetings

INSTEPS ADVERTISEMENT

광고회사 인스텝스는 Total Communication Marketing Group 입니다. 2013년 11월 창립 이래 '고객의 험난한 여정을 대신 걷는다'는 일념으로 100여 고객사들의 성공을 함께 해 왔습니다.

고객사 별 상황을 분석하여 다양한 커뮤니케이션 채널을 선별 도입하였으며, 특히 모바일 마케팅, PR, 소셜 콘텐츠, BTL프로모션 등 분야를 막론한 전문성으로 고객사의 확실한 브랜딩과 매출 향상을 도모해 왔습니다.

트렌드의 실시간 적인 변모, 미디어의 포화, 메시지의 난립 등 2017년 마케팅 시장은 늘 우리에게 '새로움'을 요구해 올 것입니다.

몇 해 전 기발한 채용공고 하나로 단숨에 마케팅 에이전트 업계의 루키가 된 인스텝스의 자사 홍보 사례처럼, 기존의 틀을 뒤 엎고 트렌드를 만드는 도전을 멈추지 않겠습니다.

인스텝스와 함께 하십시오. 우산, 외투, 모자, 안경, 그리고 대신 걷는 발이 되어 드리겠습니다.

감사합니다.

주식회사 인스텝스 대표이사 | 김기현

인스텝스 회사 소개 페이지

업종 전환 이후에도 저는 인스텝스라는 회사명을 그대로 쓰고 있는 데요. 우물 사업을 할 때는 아프리카의 아이들을 위해 걷는다고 하였지만, 대행사로서의 인스텝스는 광고주의 험난한 여정을 대신 걷는다, 클라이언트 여러분의 걷는 발이 되어준다는 뜻을 담았습니다.

10만 원 마케팅은 그 일환입니다. 세상에는 훌륭한 아이디어가 참 많은데, 통계 자료를 보면 창업 후 5년 이내 폐업률이 66퍼센트라고 합니다. 이분들이 적은 광고비를 써도 원하는 고객을 만날 수 있도록, 화려한 성공 신화까지는 아니더라도 데스밸리를 지나 계속 앞으로 걸어갈 수 있도록 적은 비용을 써서 광고하는 방법을 가르쳐드리는 것이 저의 메시지이자 스토리텔링입니다.

저의 이야기를 쭉 들려드렸는데요. 어떠셨나요? 실리콘밸리의 성공 신화와 비교하면 크게 대단할 거 없고, 충분히 있을법한 이야기라는 느낌이 들지 않나요? 정말 별것 아닌 스토리지만, 그래도 김기현이라는 사람은 처음에는 우물을 짓기 위해 걸었다가 지금은 광고주들을 위해 걷는구나 하고 얕은 인상이나마 기억에 남으셨을 것입니다.

마케팅 메시지를 만들었을 때와 마찬가지로, 거창한 스토리를 만들 필요는 없습니다. 없는 이야기를 지어낼 필요도 없고요. 제 사례처럼 솔직하게 여러분의 이야기를 하면 됩니다. 스토리를 만드는 가장 간단한 방법이 있습니다. 자기 자신에게 질문을 해보는 것입니다.

Q1. 나는 무슨 일을 하고 있는가?
Q2. 왜 하고 있는가?

이때 주의할 점은 누구라도 할 수 있는 당연한 답은 제외하는 것입니다. 대표적인 예로 돈을 벌기 위해서, 행복해지기 위해서 같은 답은 제외하고, 나만이 할 수 있는 대답을 찾아보는 겁니다. '내가 어떤 고객에게 어떤 가치를 주기 위해 이 일을 하는지, 세상에 많고 많은 일 가운데 왜 이걸 하면서 보람을 느끼는지' 등을 떠올려보면 금방 답을 찾을 수 있을 것입니다.

이를 통해 스토리를 만들었으면 스토리를 효과적으로 전달해야 하는데요. 가장 좋은 방법은 비교, 비유를 통해 설명하는 것입니다. 비교, 비유가 무엇인지는 다들 아실 겁니다. 그래도 예를 하나 들자면, 몇 년 전에 제가 8살 아들과 동계 올림픽 중계를 본 적이 있습니다. 경기 종목은 컬링이었습니다. 저는 예전에 웹툰을 통해 컬링의 규칙을 파악하고 있었지만, 아들에게 있어 컬링은 생전 처음 보는 경기였습니다. "아빠, 저건 뭐 하는 경기야?"라고 묻기에 '이걸 어떻게 말해야 아이가 쉽게 이해할까?'를 고민했습니다.

그러다 얼마 전에 산 양궁 장난감이 보였습니다. 그래서 컬링을 양궁에 빗대어서 설명했습니다. "저것도 일종의 양궁인데, 얼음판 위에서 하는 양궁이야. 양궁이 과녁에 화살이 많이 꽂힐수록 점수가 높지? 컬링도 원 안에 상대편보다 돌을 많이 올리면 이기는 거야."라고 설명해 주었습니다. 아이는 이해가 되었는지 한 시간 정도 집중해서 함께 경기를 관람했습니다.

브랜드 스토리텔링은 내가 이 사업을 왜 시작했고, 이 사업은 무엇이며, 이 상품이 고객에게 왜 좋은지 등을 압축해서 전달합니다. 모든 과정을 체험한 나에게는 쉽고 당연한 이야기지만, 고객에게는 어렵고 지루할 수 있습니다. 그래서 중간중간 비유를 넣어주면 고객이 자기도 아는 내용이 나오니 쉽고 재미있게 이야기를 들을 수 있게 됩니다.

즉, 비교와 비유를 효과적으로 사용하기 위해서는 내가 스토리텔링을 전달하는 타깃과 내가 똑같이 아는 대상으로 빗대어서 말하는 것이 좋습니다. 제가 아들에게 컬링을 설명할 때 둘 다 아는 양궁에 빗대어서 말한 것처럼요. 완벽하지 않더라도 흥미만 이끌어 낼 수 있다면 충분합니다.

화장품을 홍보할 때 '피부가 맑아진다'고 하는 것보다는 우리 화장품을 사용하면 '아기 피부로 돌아간다'고 말하면 효능을 더 크게 체감하게 될 것입니다. 대부분 사람은 아기 피부가 보드라운 걸 알기 때문입니다. 예전에 고객사 중에 소형 선풍기를 파는 회사가 있었는데요. 바람이 시원하다는 소개 페이지 문구를 '강원도 산바람 같은 시원함'으로 바꿔드렸습니다. 어떤가요? 더 시원해진 것 같은 느낌이 들지 않나요?

일상 속에서 지인들과 대화를 할 때 비유를 들어 설명하는 연습을 자주 해봅시다. 제 경험상 비유를 잘하는 방법은 크게 2가지입니다. 첫째는 제가 컬링을 양궁에 비유했듯이 지금 저와 대화 상대가 현재 있는 장소에서 같이 볼 수 있는 물건에 빗대어 말하는 겁니다.

내가 경기장에 가서 축구 경기를 보고 왔는데, 경기장이 손님으로 꽉 찬 장면을 친구에게 알려준다고 칩시다. 저와 친구가 밥을 먹는데 마침 식당이 만석이라면, 지금 여기 손님이 가득한 것처럼 경기장에 사람이 많았다고 비유하면 친구가 바로 공감할 것입니다.

두 번째는 내가 주로 만나는 타깃 고객이라면 무조건 아는 것을 비교, 비유 대상으로 쓰는 것입니다. 평소 고객과 계속 대화를 해보면서 내 사업의 타깃 고객은 어떤 사람이 많으며, 이들이 공통적으로 알고 있는 것이 무엇인지 계속해서 발견해야 합니다. 스토리텔링을 말할 때마다 내가 찾은 비유를 섞어서 이야기하면 고객이 '아!' 하고 감탄하며 구매할 확률이 더 높아질 것입니다.

마지막으로 스토리텔링을 전하는 첫 시작은 질문으로 출발하는 것이 좋습니다. 제가 인스텝스 초창기에 바로 '우물 만드는 일을 한다'고 말하지 않고, '하루 몇 걸음 정도 걷는 것 같으세요?'라고 물어봤던 것처럼 말이죠. 여러분도 가능하다면 여러분 사업에 맞는 시작 질문 Opening Question을 만들어보시길 바랍니다.

질문을 만드는 규칙은 다음과 같습니다. 먼저 질문이 쉬워야 합니다. "어떤 장르의 영화를 좋아하세요?"라는 질문은 대답하는 데 생각을 좀 해봐야 하지만, "최근에 본 영화 중 가장 재밌었던 영화가 뭐예요?"라는 질문에는 빠르게 답할 수 있습니다. 마찬가지로 "돈이 생기면 어떤 걸 하고 싶으세요?"라는 질문보다는 "갑자기 5만 원이 생기면 가장 먼저 뭘 하고 싶으세요?"가 더 좋은 질문입니다.

둘째로 획일화된 결론이 나올 수밖에 없는 질문이 아니라, 상대가 자기 의견을 말할 수 있는 질문을 하는 것이 좋습니다. 예를 들어 "원 푸드 다이어트는 몸에 좋나요?"라는 질문은 누구에게 물어도 몸에 안 좋다는 대답이 나올 수밖에 없는 획일화된 질문입니다. 그 대신 "알고 계신 다이어트 방법에는 어떤 것들이 있나요?"라고 물으면 상대는 자기가 아는 다이어트 방법에 대해 말하기 시작할 것입니다. 그렇게 질의응답을 주고받다 보면 자연스럽게 나의 다이어트 상품에 대해 말할 기회가 생기고, 스토리텔링까지 이어집니다. 이처럼 나 혼자 일방적으로 내 이야기만 하기 보다는 '질문을 통해 상대방과 서로 질문을 주고 받는 과정에서 자연스럽게 내 스토리가 전달되는 방식'이 가장 바람직합니다.

11

메시지를 고객과 연결하는
퍼널 준비하기

마케팅 메시지와 스토리텔링까지 만들었으면 고객이 내 상품을 구매하기까지의 퍼널을 만들어야 합니다. 결론부터 말하자면 퍼널 설계에 정해진 답은 없습니다. 먼저 광고 목표에 따라 퍼널을 만들어야 하고, 고객의 반응을 보면서 특정 퍼널을 삭제하거나 특정 퍼널을 추가하는 시행착오가 필요합니다. 제가 사짜 마케팅을 할 때 그랬던 것처럼요.

그동안 마케팅 대행을 하면서 여러 업종의 퍼널을 만든 입장에서 말씀드리자면, 먼저 퍼널은 사업 아이템 종류마다 달라집니다. 예를 들어, 고기 폭탄 김치찌개 식당과 사짜 마케팅의 퍼널이 똑같을 수는 없겠죠? 사짜 마케팅은 시간과 장소가 크게 상관이 없는 서비스업이고, 고기 폭탄 김치찌개는 입지, 상권이 중요한 오프라인 매장 사업이니까요.

같은 업종이더라도 고 관여 상품이냐, 저 관여 상품이냐에 따라 퍼널이 달라집니다. 고관여와 저 관여의 차이는 한 마디로 소비자가 얼마나 고민하고 제품을 사느냐는 것입니다. 김치찌개 백반은 대표적인 저 관여 상품입니다. 우리는 8,000원 하는 김치찌개를 사 먹을 때 고민하거나 망설이지 않습니다. 일단 한번 먹어보고, 맛없으면 다음에는 그 가게에 안 가면 그만입니다.

하지만 자동차, 냉장고, 아파트는 대표적인 고 관여 상품입니다. 이 셋의 공통점은 가격이 매우 비싸고, 내 생활과 매우 밀접하며, 한 번 사면 오랫동안 쓴다는 것입니다. 처음 구매할 때 잘 사지 않으면 쓰는 내내 불편하니 김치찌개처럼 망설임 없이 신용카드를 꺼낼 수가 없는 상품들이죠. 그래서 고 관여 상품은 구매하기 전에 지인들에게 물어보고, 유튜브나 네이버에 다양한 키워드를 검색해 리뷰와 후기를 꼼꼼하게 정독하고 구매를 결정합니다.

만약 내가 저 관여 상품을 판다면 퍼널이 복잡할 필요가 없습니다. 고기 폭탄 김치찌개라면 체험단 마케팅을 통해 각 플랫폼에 리뷰, 후기만 만들어놓고 플레이스 상위 노출이 되면 바로 손님이 방문하기 시작할 것입니다. 반대로 고 관여 상품을 판다면 퍼널이 길고 복잡해집니다. 망설이는 고객을 계속해서 설득해야 하기 때문입니다.

사짜 마케팅이 바로 그렇습니다. 가격도 55만 원으로 저렴하지 않고, 교육 과정이 1달이기 때문에 소비자의 시간을 많이 뺏습니다. 와서 교육만 듣는다고 끝나는 것도 아니고 저와 선생님이 내주는 과제도 하고, 컨설팅을 받아 가며 실습도 해야 하기에 구매자가 고민하고 해야 할 것이 참 많은 상품입니다.

이런 고 관여 상품은 상세페이지 하나 잘 만들고 광고만 한다고 바로 팔리지 않습니다. 누군가는 사겠지만, 그런 사람은 소수이기에 광고비 10만 원으로는 한계가 있습니다. 제가 10만 원 마케팅으로 사짜 마케팅을 판매할 수 있었던 이유는 광고를 본 예비 고객에게 무료 자료를 드리고, 전화 상담을 해드리며, 수업에 초대하는 등 퍼널을 길게 늘려서 고객을 꾸준히 설득하기 때문입니다.

중간에 아무 퍼널 없이 '광고 ⇒ 구매'를 달성하면 가장 좋겠지만, 고 관여 상품은 그것이 힘드니 광고에서 바로 구매 퍼널로 넘기지 않고, 중간에 다른 퍼널을 끼워 넣고, 각 퍼널에 테스트 유닛을 만들며, A/B 테스트를 거쳐서 전환율을 끌어올리는 작업을 거칩니다.

모든 퍼널의 최적화가 완료되면 소수의 고객만 와도 상품이 팔리지만, 이 작업을 하지 않은 채 고 관여 상품을 판매하려면 복잡한 절차를 거치지 않고도 구매할 그 누군가를 찾을 때까지 광고비를 늘리는 수밖에 없습니다.

여러분마다 사업 아이템과 구체적인 상황이 다 다르기에 '퍼널은 이렇게만 하면 된다'는 공식을 말씀드리기는 힘듭니다. 스스로 첫 퍼널을 만든 다음, 광고비를 소액 사용해 고객을 만나면서 바꿔나갈 수밖에 없는데요. 그래도 도움이 되었으면 하는 마음에 여러분이 시작할 때 참고하기 좋은 샘플을 준비했습니다.

시작이 어려운 분들은 일단 제 샘플이라도 참고해서 나만의 퍼널을 만들고 고쳐나가시길 바랍니다. 경험상 스타트업 대표, 소상공인이 가장 많이 시작하는 사업 아이템에 맞춰서 샘플은 총 3가지를 준비했습니다. 바로 오프라인 매장 샘플 퍼널, 서비스업 샘플 퍼널, 온라인 쇼핑몰 샘플 퍼널입니다.

① 오프라인 매장 샘플 퍼널

먼저 오프라인 매장입니다. 식당, 카페, 세탁소, 학원, 헬스장, 병원 등 여러 종류가 있겠죠? 이에 따라 디테일한 마케팅 방법은 달라집니다만, 큰 골자는 비슷한 부분이 있습니다.

고객이 오프라인 매장을 찾게 되는 경로는 크게 2가지입니다. 인근 지역 거주민이 평소 길거리를 지나다니다 내 매장을 발견하고 들어오

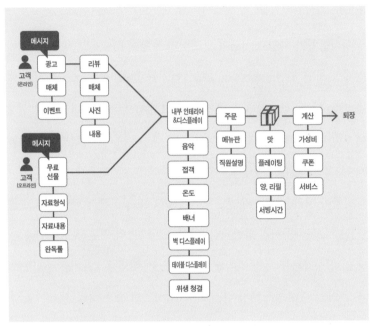

오프라인 매장 퍼널

는 경우, 즉 워킹 손님입니다. 반대로 사전에 온라인으로 검색해서 방문하는 고객이 있습니다. 주로 네이버, 다음, 구글 지도에서 키워드를 검색해서 찾게 되죠.

내 매장의 존재를 발견하면 블로그, 인스타그램, 유튜브 등에 리뷰를 확인하고 지도 앱의 후기도 참고해서 매장에 방문합니다. 따라서 내가 오프라인 매장 사업을 한다면 내 가게 앞을 지나다니는 유동인

구와 온라인으로 내 가게를 검색하는 사람을 동시 공략해야 합니다. 통하는 마케팅 메시지를 만들어서 가게 앞에 배너도 세워놓고, 고객들이 자주 검색하는 플레이스와 검색엔진에 내 매장의 정보를 알려야 합니다.

그렇게 손님이 오면 최선의 서비스를 드려야겠죠? 청결한 위생, 친절한 접객은 기본이고 내부 디스플레이를 통해 마케팅 메시지를 노출시켜야 합니다. 만족한 고객은 단골이 되어 매장에 재방문할 것입니다.

② 서비스업 샘플 퍼널

다음은 서비스업 퍼널입니다. 학원이나 헬스장처럼 오프라인 매장과 서비스업의 성격이 혼합된 사업도 있지만, 방문 출장을 하거나 사무실에서는 미팅만 하고 업무는 따로 하거나, 아예 ZOOM쥼 같은 원격 솔루션으로만 진행되는 서비스도 있습니다.

내 사업이 서비스업이기는 한데 오프라인 매장 중요도가 높으면 서비스업 샘플 퍼널과 오프라인 매장 샘플 퍼널을 합쳐서 초기 퍼널을 만들면 됩니다. 오프라인 매장 중요도가 낮으면 지금 보여드리는 서비스업 샘플 퍼널을 참고해서 초기 퍼널을 만들어보시길 바랍니다.

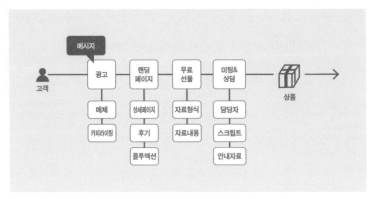

서비스업 퍼널 예시

오프라인 매장 퍼널보다는 좀 더 단순합니다. 광고를 본 사람이 내 홈페이지로 넘어와서 상세페이지를 읽고 무언가를 구매하거나, 예약 신청을 하거나, 상담 신청을 하는 것이 일반적인데요. 여러분 사업 아이템에 맞게 구성하면 됩니다.

일단 위의 이미지는 제 사짜 마케팅과 유사하게 퍼널을 만들었습니다. 만약 저 관여 서비스 상품이라면 샘플처럼 퍼널이 길 필요는 없을 것입니다. 사짜 마케팅은 고 관여 상품이라서 랜딩 페이지에서 바로 구매로 이어지지 않고 무료 선물과 미팅 및 상담이라는 퍼널이 들어간 것입니다.

③ 온라인 쇼핑몰 샘플 퍼널

마지막으로 온라인 쇼핑몰입니다. 3PL 창고에 제품 박스를 보관하고 자사몰, 스마트스토어, 쿠팡 등으로 판매하는 사업이죠. 이를 반영한 샘플 퍼널은 다음과 같습니다.

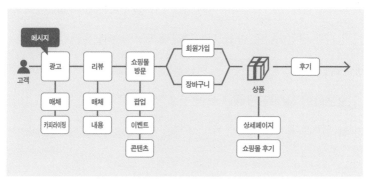

온라인 쇼핑몰 퍼널

광고를 통해 내 상품을 알게 된 고객이 리뷰를 검색해 보고, 마음에 들면 내 쇼핑몰에 방문할 것입니다. 쇼핑몰 팝업 배너나 공지사항 등을 훑어보고 회원가입, 장바구니를 거쳐서 상품을 구매하거나 바로 비회원 구매를 합니다. 따라서 온라인 쇼핑몰로 매출을 높이기 위해서는 경쟁우위가 있는 상품을 쇼핑몰에 상품 등록하고, 구매 욕구를 자극하는 제품 상세페이지를 만들며, 체험단 마케팅을 통해서 후기를 확보한 다음에 광고해야 합니다. 샘플 퍼널은 어디까지나 참고용으로 사용하시고, 여러분의 사업 아이템과 상황에 따라 변형해서 초기 퍼널을 만들고 사업을 진행하면서 A/B 테스트로 점차 수정·보완하셔야 합니다.

이렇게 3개의 샘플 퍼널에 대해 소개해 드렸는데요. 크게 분류하자면 오프라인 매장처럼 오프라인 기반 사업이냐, 온라인 쇼핑몰처럼 온라인 기반 사업이냐로 나뉘고 그 중간에 오프라인과 온라인의 성향이 공존하는 서비스업이 있는 형태입니다. 다음 장으로 넘어가기 전에 내가 오프라인 사업을 한다면 어떤 것을 준비해야 하는지, 온라인 사업을 한다면 무엇을 준비해야 하는지 사업 준비물을 알려드리겠습니다.

① 오프라인 사업 준비물

오프라인 매장 사업의 종류는 여러 가지 있습니다만, 여기서는 가장 많은 분들이 창업하는 식당을 예로 들겠습니다. 만약 여러분이 고기폭탄 김치찌개 식당을 창업한다면 무엇을 준비해야 할까요?

오프라인 사업에서 맨 처음 방문하는 사람은 대부분 지역 주민입니다. 지역 주민은 가게 외관을 보고 적당한 시간에 오는 일이 많기에 겉으로 보이는 부분에 신경 써야 합니다. 오프라인 사업의 성패를 가르는 핵심 요소는 소위 말하는 '오픈 빨'입니다.

　새 가게가 개업할 때 사람들이 궁금해서 많이 찾아오는데 이때 소비자를 만족시키지 못하면 아주 오랜 시간 뒤에야 다시 방문합니다. 어쩌면 가게가 없어지고 난 다음이 될 수도 있습니다. 재방문하는 사람이 많으면 광고가 굳이 필요하지 않습니다. 마케팅 활동을 안 해도 단골이 계속 방문하고, 단골이 주변 이들에게 입소문을 내기 때문입니다. 오픈 빨은 단골을 만들 절호의 찬스이기에 이 시기를 놓쳐서는 안 됩니다.

　가게 이름: 가게 이름은 매우 중요합니다. 많은 사장님이 이름을 지을 때 멋진 뜻에 집착해 의미는 좋은데, 부르기에는 어렵게 네이밍을 하는 일이 있습니다. 예전에 멘토링을 하던 업체 중 비슷한 케이스가 있었는데요. 브랜드명이 프랑스어로 '승무원이 쓰는 화장품'이라는 뜻이었습니다. 의미는 참 좋았지만, 프랑스어 발음이 너무 어려워서 소비자가 브랜드 이름을 기억하기 어려울 수 있으니 좀 더 고민해 보자고 말씀드렸습니다.

　그래서 바뀐 이름이 '피부 생각Think About Skin'입니다. 이해하기도 편하고, 한 번 들으면 쉽게 떠오르는 이름이라 잘 지었다고 싶었습니다.

광고는 사람들의 기억 속에 내 브랜드를 남기는 것인 만큼, 뻔하고 세련되지 않더라도 기억에 잘 남는 이름을 짓는 것이 중요합니다.

간판: '간판 회사에 전부 맡기면 되는 거 아냐?'라고 여기면 큰일입니다. 알아서 다 해달라고 하면 안 되고, 적어도 색이나 글자 크기라도 고심해 보아야 합니다. 최근 카페 간판을 보면 한글보다는 영어, 큰 글씨보다는 작은 글씨를 쓰는 추세입니다. 정말 예쁘지만, 기억에는 잘 안 남는 편입니다.

또 밤이 되어 간판에 불을 켤 때 다른 가게와 색의 차별화를 두지 않고 비슷한 색으로 만들면 다른 가게 간판에 묻혀서 보이지를 않습니다. 그러니 내 가게가 지어지는 자리에 간판을 놓기 전, 낮에도 가서 주변 간판에 비해 눈에 띄는 색은 무엇일지 밤에도 가서 어떤 색을 선택해야 다른 가게에 비해 불빛이 잘 보일지 정하고 간판을 맡겨야 합니다.

메뉴판: 잘 만든 메뉴판은 우리 가게의 자랑이 될 수 있습니다. 신기하고 재미있는 메뉴판이 있으면 손님들이 사진을 찍어서 인스타그램에 공유하기도 하고요. 요즘은 특색 있는 메뉴판이 정말 많이 보입니다. 가게를 차리기 전에 최대한 많은 가게에 방문해 보고 메뉴판 사진

을 찍어와서 우리 가게와 잘 어울리는 메뉴판 디자인은 무엇이 있을까 기획해야 합니다. 남들처럼 만들면 특색이 사라지니 어디까지나 참고만 해서 최대한 우리 가게를 위한 메뉴판을 만들어봅시다.

음식의 맛: 많은 연습이 필요합니다. 여기서 말하는 연습이란 단순히 맛있게 만드는 것만이 아닙니다. 손님이 많이 오셨을 때, 적게 오셨을 때 어떤 상황에서라도 음식 맛이나 분량이 일정 이상의 수준을 내는 연습을 해야 합니다.

말씀드렸다시피 오프라인 매장은 '오픈 빨'이 특히 중요합니다. 이때는 정말 많은 손님이 오시는데, 주문이 밀어닥쳐 정신없이 요리하면 음식의 질을 유지하기가 힘듭니다. 이때 빨리 여러 개의 음식을 만드느라 맛없는 요리가 나가버리면 손님은 두 번 다시 가게에 오시지 않겠죠? 그러니 손님이 적게 오시든, 많이 오시든 항상 맛있게 만들 수 있게끔 숙련도를 높여둬야 합니다.

초기에 연습할 때 만든 음식을 버리는 게 아까워 연습을 최소화라는 것을 많이 봤습니다. 하지만 마케팅 비용을 쓰는 것이라 여기고 많이 연습하시는 것이 좋습니다. 이때 로스 비용을 계산해두면 큰 도움이 됩니다. 메뉴를 실수로 잘못 만들었을 때 얼마의 손해가 생기는지 미리 점검해두면 이벤트나 행사를 할 때 손해를 안 볼 수 있습니다.

종업원(아르바이트): 알바몬, 알바천국, 당근 마켓에 구인 공고를 내서 고용할 수 있습니다. 사장님 혼자 하는 1인 가게라면 어느 정도 단골이 생겨서 일이 버거울 때 채용하면 됩니다.

소비자 분석: '우리 가게에 어떤 손님이 오게 될까?' 이것을 점포를 구하기 전부터 준비해야 합니다. 아주 이른 오전에 수첩이나 스마트폰을 들고 임대를 고민하는 가게 앞에 갑니다. 지나다니는 사람을 관찰하면서 하루에 대략 몇 명이 지나가는지, 어떤 사람(성별, 연령)들이 지나다니는지를 기록합니다. 고된 작업이긴 하지만, 이걸 해두면 이 상권에 어떤 가게가 어울리겠다는 큰 방향이 보일 것입니다.

다음으로는 네이버, 인스타그램을 검색해서 주변에 어떤 가게가 잘되는지 확인하고 필요하다면 방문해서 먹어보는 것도 좋습니다. 주변 가게 영업시간을 확인하면 낮 손님이 많은 상권인지, 저녁 손님이 많은 상권인지 미리 점검할 수 있습니다. 손님에 따라 가게 운영이 달라지기에 부동산을 얻기 전 미리 고민해두면 좋습니다.

디스플레이(음식 사진): 음식을 먹고 싶게 만드는 건 식욕을 자극하는 음식 냄새와 먹음직스러운 음식 사진입니다. 가능하다면 전문 푸드 스타일리스트를 섭외해서라도 먹어보고 싶도록 음식 사진을 잘 찍어놓고 이를 외부 배너, 메뉴판에 활용하면 큰 도움이 됩니다. 이후 블로그, 인스타그램에도 해당 사진을 쓰면 소비자들이 내 가게에 오고 싶게끔 만들 수 있습니다.

지도 등록: 앞서 오프라인 매장 샘플 퍼널을 보셨다시피 내 가게 주변에서 밥 먹을 사람들은 지도 앱을 검색해서 찾아옵니다. 네이버 지도, 카카오 지도, 구글 지도는 누가 대신해 주지 않기에 내가 직접 등록해야 합니다. 지도 등록에도 사진이 필요하므로 사진을 미리 찍은 후 진행합니다.

② 온라인 사업 준비물

온라인은 오프라인과 많은 점이 다릅니다. 소비자 반응을 즉각 확인할 수 있는 오프라인과 달리, 온라인 서비스는 고객과 직접 대면하지 않기 때문에 소비자 반응을 거의 알 수 없습니다. 처음 서비스가 시작되면 오픈 빨의 효과를 볼 수 있는 오프라인과 다르게 온라인은 소비자도 적게 들어옵니다.

오픈 빨에 집중하면 되는 오프라인과 달리, 온라인은 초기에 들어오는 고객을 보고 어떤 변화를 줄 것인가 결정하는 것이 매우 중요합니다. 오프라인은 70퍼센트 정도 준비가 되었을 때 사업을 시작해야 한다면, 온라인은 기본 서비스가 만들어지면 바로 오픈해서 빨리 소비자를 만나는 것이 좋습니다.

퍼널을 따라가면서 고객이 어떤 결정을 내리고, 어디에서 이탈하는지를 체크해 빠르게 서비스를 업데이트해야 합니다. 완벽한 서비스를 만든 다음 사업을 시작하려고 하면 소비자가 없는 업데이트만 계속하다 최종적으로 소비자의 외면을 받게 되는 일이 있습니다. 제가 그런 실수를 했었죠.

여러분은 저와 다르게 하셔야 합니다. 빠르게 서비스를 출시하고 초기 사용자들이 피드백할 수 있는 공간을 만든 다음에 그들의 의견을 보면서 고객이 원하는 방향으로 업데이트를 해야 합니다. 그렇게 불편함을 계속 없애나가면 오프라인 입소문처럼 온라인에서도 우리 서비스의 URL을 공유하면서 바이럴이 시작됩니다.

오프라인처럼 온라인도 준비해야 할 것들이 정해져 있습니다. 사장이 직접 고민해 봐야 하는데, 그 고민이 귀찮아서 주변에 잘하는 사람에게 맡기는 경우가 많습니다. 방금 오프라인 준비물에서 말한 간판 사례 기억나시죠? 최종적으로는 전문가에게 맡기되, 자신이 미리 대략의 방향을 고심한 다음 전문가와 의논하면서 결정하시길 바랍니다.

홈페이지: '홈페이지를 내가 직접 준비하라고? 내가 그걸 할 줄 알았다면!'라고 여길 수 있습니다. 여기서 말하는 홈페이지는 처음부터 디자인이 완벽한 홈페이지가 아닙니다. 온라인 서비스는 말씀드렸다시피 빠르게 시작해서 소비자 반응을 보고 업데이트를 통해 완성으로 나아가는 것이니까요.

요즘은 아임웹, 웍스, 고도몰, 카페24처럼 간편하게 홈페이지를 만들 수 있는 솔루션이 많습니다. HTML 코딩을 하나도 몰라도 드래그&드랍으로 네이버 블로그를 만드는 것처럼 간단하게 홈페이지를 만들 수 있습니다. 사업이 어느 정도 성장하고 나서는 전문 홈페이지 제작사를 이용하더라도 처음에는 내가 여러 홈페이지를 보면서 좋은 기능을 벤치마킹해서 직접 홈페이지를 만들어 쓰시는 걸 추천합니다. 어떻게든 전문 업체를 통해 홈페이지를 만들고 싶다고 한다면 '어떤 홈페이지를 만들겠다'는 기획을 한 다음 만나세요. 아무 기획 없이 만나는 건 권장하지 않습니다.

상세페이지: 홈페이지 제작이 어렵다면 상세페이지 제작부터 시작하세요. 네이버 스마트스토어, 쿠팡, 와디즈에서 많이 팔린 제품의 상세페이지를 참고하면 큰 도움이 됩니다. 나와 유사한 제품을 참고해도 되지만, 나랑 무관한 업체의 상세페이지를 보면서도 이걸 내 아이템에 맞게 반영해 보는 고민을 해봅니다.

도메인: 될 수 있으면 .com(닷 컴)으로 끝나는 도메인을 쓰는 것이 좋으나, .com 도메인은 경쟁사들이 먼저 쓰고 있는 경우가 많습니다. co.kr(씨오 닷 케이알)이나 .biz(닷 비즈) 등 다른 도메인을 쓰시는 것도 좋습니다. 요즘은 꼭 도메인을 쳐서 유입되는 고객보다는 네이버, 구글 또는 인스타그램이나 유튜브 등을 통해 넘어오는 고객이 많으니 도메인에 대한 고민은 많이 하지 않으셔도 됩니다.

판매할 제품(혹은 서비스): 당연히 제품은 있어야겠지요? 다만 앞서 말씀드렸던 것처럼 완성된 것으로 시작하기보다는 소비자가 '이런 제품 혹은 서비스구나' 하고 떠올릴 수 있는 프로토타입 제품으로 시작하시기 바랍니다. 제품을 이용한 고객과 커뮤니케이션을 하면서 빠른 업데이트를 하는 것이 필수입니다.

경쟁사: '저는 경쟁 상품이 없습니다!'라고 한다면 조금 더 검색해 보시기 바랍니다. 분명 경쟁 상품은 있습니다. 내 상품과 외관은 다를 수 있겠지요. 경쟁사는 상품을 어떻게 만드는지, 후기는 어떤지, 어떻게 마케팅과 사업을 하는지, 무슨 이벤트를 하고 있는지 등을 모니터링하면서 적용할 수 있는 부분은 적용하고, 실수인 부분은 피하는 지혜를 발휘해야 합니다.

소비자 분석: '누가 나를 처음에 찾아올까?'에 관해 구체적으로 정리해야 합니다. 내 상품이 여러 고객 그룹이 구매하는 상품이더라도 처음에는 한 그룹을 공략하고, 점차 고객을 넓혀나가는 것을 추천합니다.

가격: 가격은 다양하게 정리되어 있어야 합니다. 초기 서비스가 완성 상태가 아니더라도 된다고 한 점은 가격도 포함입니다. 원가, 경쟁사 가격 등을 참고해 초기 가격을 정하겠지만, 처음 선택한 가격이 완벽하지 않을 수 있습니다. 맨 처음 정한 가격에 사업의 모든 걸 끼워맞추기보다는 틀릴 수 있다는 가정 하에 여러 가지 가격을 설정해 봅시다. 소비자가 생길 때마다 가격 테스트를 하면서 맞는 가격을 찾아가야 합니다.

12

광고 제작과
A/B 테스트의 핵심이란 이런 것

여기까지 읽으셨으면 시장조사, 광고 기획, 마케팅 메시지와 스토리텔링 제작, 사업 준비물, 린 프레임워크 퍼널까지 전부 완성하셨을 것입니다. 주변 지인들에게 검토까지 끝내셨으면 이제 진짜 소비자를 만나 돈과 상품을 교환한 다음, 그들의 의견을 빠르게 반영해 린 프레임워크를 최적화할 차례입니다.

고객을 만나기 위한 광고 제작과 A/B 테스트를 통한 최적화의 차례인데요. A/B 테스트의 개념에 대해서는 앞에서 설명했습니다. 각 퍼널에서 고객 만족도를 높이고, 고객이 다음 퍼널로 넘어갈 확률을 높이기 위한 테스트 유닛을 발굴해 고객에게 A 안, B 안을 보여주고 고객이 선택한 대로 바꾼다는 것이었죠.

그 밖에도 고객과 커뮤니케이션을 하면서 달라진 점이 참 많습니다. 몇 번 정규 교육을 하는데 '이 사람들이 배운 내용을 돌아가서 자기 현업에 잘 적용할까?' 하는 의문이 들어서 과제 시스템을 도입했습니다. 처음에는 과제를 다 했으면 기수별 단톡 방에 올리라고 했습니다. 몇 사람은 올렸지만, 안 올리는 사람도 있었고, 평소에 올리던 사람도 긴 글을 써야 하는 과제는 올리지 않았습니다.

이유를 물어보니 자신이 쓴 개인적인 글을 남들이 읽는 게 꺼려진다

숙제 게시판

내 글만 보기　　삭제 글 보기　　　　　　　　　　　　　　　　글쓰기

전체 ∨　검색 키워드를 입력하세요　Q　　　　　　　　　최신순　인기순　댓글순

제목	작성자	작성일	조회	좋아요	
5기-김 [1] 🔒	5기열심히하겠습니다	23.12.27	6	👍1	⋮
[5기] - 식 [3] 🔒	아보카두	23.12.25	13	👍1	⋮
5기 - 라 [2] 🔒	라.	23.12.25	19	👍1	⋮
5기 - 신 [2] 🔒	5기 신	23.12.21	7	👍1	⋮
[5기]-조 [1] 🔒	5기온라인수강생_조	23.12.19	7	👍1	⋮
[5기] - 식 [3] 📎🔒	아보카두	23.12.14	19	👍1	⋮
5기 - 신 [1] 🔒	5기 신	23.12.14	32	👍1	⋮
[5기]-라 [3] 🔒	라.	23.12.13	18	👍1	⋮

과제 게시판

고 하셨습니다. 충분히 그럴 수 있겠다 싶어서 수강생과 저 둘만 읽을 수 있게 개인 카카오톡으로 과제를 보내달라고 규칙을 바꿨습니다. 그러자 과제를 하는 분들의 비율이 확 늘었습니다. 그런데 이번에는 저에게 문제가 있었습니다. 가끔 제가 수강생이 보낸 카카오톡을 못 보고 지나가는 일이 있었던 것입니다.

과제를 카카오톡과 분리해야겠다 싶어서 아예 사이트를 하나 만들고, 거기에 과제를 비밀글로 올릴 수 있는 게시판을 만들었습니다. 프라이버시를 지키면서 제가 체크하지 못하고 넘어가는 일도 없어서 현재까지 이 방법을 채택하고 있습니다. 이 역시 계속 고객과 소통을 하다 보면 더 나은 방법이 발견되어서 바뀌는 날이 올 수도 있겠지만요.

수업 기간도 2주로도 해보고, 3주로도 해보고 다양한 A/B 테스트 결과 4주가 가장 고객 만족도가 높아서 4주로 정착했습니다. 가격도 몇 번의 조정이 있었는데요. 처음에는 매우 낮았다가 최적화가 될수록 가격을 조금씩 올렸습니다. 하지만 55만 원 이후로는 교육 프로그램이 질적으로 개선되어도 가격을 더 올리지 않았습니다. 고객과 소통하면서 이 이상 올리면 만족도가 떨어지고 신뢰를 잃겠다는 느낌이 들어서였습니다.

지금은 '1주일 들어보고 마음에 안 들면 100퍼센트 환불하는 규정'도

넣었습니다. 전문직인 분들은 자격증 공부하던 수험생 시절부터 온갖 1타 강사들의 수업을 봐오셔서 그런지, 강의에 한해서는 정말 까다로운 기준을 가지고 계십니다. 이야기를 들어보니 수험 공부할 때 수험생 커뮤니티에서 1타 강사 정보를 알게 되면, 1주일 강의를 들어보고 나랑 안 맞는다 싶으면 환불한 다음 다른 1타 강사로 갈아탄다는 것을 알게 되었습니다. 저 역시 고객 만족을 높이기 위해서는 제대로 된 환불 규정을 넣어야 장기적으로 더 깊은 신뢰를 줄 수 있을 거라 판단했습니다.

제가 이런 개선점을 발견할 수 있는 이유는 간단합니다. 정규 교육이 끝나면 참석한 모든 분에게 한 번씩 전화를 걸어서 진솔한 의견을 듣는 시간을 가집니다. 이때 질문을 잘해야 하는데요. 단순히 "강의를 들으면서 불편한 점 있으셨나요? 이런 거 좀 고치면 좋겠다 싶은 거 없으셨어요?"라고 물어보면 답변을 잘 안 해주십니다. 괜히 기분 나쁜 얘기를 저 사람 기분이 상하는 거 아닌가 싶은 거죠.

대신 "강의는 당연히 좋다고 말씀해 주실 것 같아요. 그래도 좀 고쳤으면 좋겠다 싶은 거 딱 하나만 알려주실 수 있을까요? 그래야 뒤 기수 사람들은 더 좋은 수업을 들을 수 있으니까요."라고 물어봅니다. 제가 듣기 불편한 소리를 해도 된다는 판을 깔아주는 셈이죠. 실제 이렇게 질문하면 강의는 참 좋았는데 이런 점은 불편했다는 말씀을 해주십니다.

이때 예상하지 못한 내용이 튀어나오는데요. '강의실 온도가 너무 더웠다(또는 너무 추웠다), 강의실 위치가 지하철역에서 내린 후 한참 걸어야 해서 땀이 나 수업에서 집중이 힘들었다, 강의 중간에 직원들이 들락날락해서 집중이 안 되었다, 첫 교시와 두 번째 교시의 상관관계가 무엇인지 잘 이해가 되지 않았다'와 같은 의견을 받았습니다.

이런 의견들은 앞에서 강의하는 저는 눈치채기 힘든 부분들이었습니다. 고객이 말해준 피드백은 검토 후 모두를 위해서 정말 수정이 필요하다 싶으면 바로 반영해서 다음 기수는 더 만족스러운 환경과 서비스를 제공하기 위해 노력했습니다.

고객의 귀중한 의견을 듣기 위해서는 일단 고객을 모아야 하고, 고객을 모으기 위해서는 광고를 해야 하겠죠? 지금부터 광고 만드는 방법을 알아보겠습니다. 제가 자주 애용하는 메타 광고를 예시로 설명할 예정입니다. 나는 메타 말고 다른 광고를 하려는데 그건 어떻게 하냐고 반문할 수 있겠는데요. 이 점은 걱정 안 하셔도 됩니다. 광고를 제작하는 원리 자체는 동일합니다. 그러므로 이 원리를 배우서 여러분이 광고하고자 하는 채널에 맞춰서 사용하면 됩니다.

우선 대뜸 "광고를 만드세요."라고 하면 대부분의 대표님들은 '무엇부터 어떻게 하면 되는 거지?' 하는 막막함을 느낍니다. 그래서 제가 마케팅을 가르칠 때는 내가 참고하거나 비슷하게 흉내 낼 수 있는 레퍼런스부터 찾아오라고 과제를 내줍니다.

그런데 레퍼런스를 찾아오라고 하면 대부분 대표님이 나와 같은 카테고리 상품을 파는 경쟁사 광고를 찾아오십니다. 당연히 내가 참고할 수 있게끔 동종업계 광고를 찾아야지, 아무 연관 없는 다른 업계 광고가 무슨 소용이냐고 여기셨을 것입니다. 그런데 꼭 그렇지만도 않습니다.

제가 고기 폭탄 김치찌개 전문점의 인스타그램 광고를 만든다고 가정해 보겠습니다. 대부분 메타 라이브러리에 식당, 김치찌개 키워드를 검색해서 경쟁사 광고를 찾을 것입니다. 저는 반대로 평상시 인스타그램 하듯이 돋보기를 눌러서 내가 보고 싶은 콘텐츠 아무거나 봅니다. 그리고 이건 정말 좋은 콘텐츠다 싶은 건 저장 버튼을 누르거나 스마트폰 화면 캡처를 해둡니다. 이렇게 모은 자료가 저의 광고 레퍼런스가 됩니다.

말이 나온 김에 책 원고 쓰기를 잠시 멈추고 제 스마트폰으로 인스타그램에 들어가서 레퍼런스 사진을 찾았습니다. '해양대 화장실에서 금지된 것'이라는 정보성 콘텐츠네요. 대체 한국해양대학교 화장실에

레퍼런스 예시

는 무엇이 금지된 걸까요? 호기심을 자극하는 카드 뉴스입니다.

비록 김치찌개, 식당, 맛집 광고는 아니지만, 저라면 이 카드 뉴스 문구를 살짝 비틀어서 '고기 폭탄 김치찌개 집에서 금지된 것!'이라는 광고 소재를 만들어볼 것 같습니다. 첫 번째 장은 고기 폭탄 김치찌개 로고와 카피를 넣고, 한 장 넘기면 "저희 고기 폭탄 김치찌개 집에서는 고기가 적다는 생각이 금지되어 있습니다!", "저희 고기 폭탄 김치찌개 집에서는 한 명당 못해도 고기를 1킬로그램은 먹고 나가서야 합니다!", "절대로 손님에게 고기를 적게 먹이고서는 내보내지 않겠습니다!" 같은 내용을 유머러스하게 표현하면 제법 괜찮은 광고가 되지 않을까요?

여러분도 '잘하는 경쟁사를 찾겠다'는 지향점에서 벗어나서 '내가 재미있고, 내가 보고 싶은 광고'를 찾다 보면 쉽게 내 사업에 응용할 레퍼런스를 발견할 수 있을 것입니다. 이 방법을 추천하는 이유가 있습니다. 제 경험상 대부분 스타트업은 나와 내 주변 사람들이 좋아하는 것을 만드는 것으로 처음 시작하기 때문입니다.

사업이 어느 정도 성장해서 고객의 범위를 넓힌 다음이라면 모르겠지만, 초기에는 나랑 비슷한 사람을 주로 설득하게 됩니다. 그래서 굳이 경쟁사 광고 소재를 따라가지 않더라도 내가 좋아하고, 내가 관심이 가는 콘텐츠를 내 사업에 맞게 변형하는 것이 오히려 고객에게도 통하는 모습을 많이 봐왔습니다. 지금은 메타 광고라 이미지 카드 뉴스로 예를 들어 설명하였지만 글이나 영상으로 광고를 해도 원리는 같습니다.

해당 플랫폼에서 내가 좋아하는 글, 좋아하는 영상을 찾은 다음 내 사업에 맞게 변형하는 식으로 첫 광고를 만들어보시길 바랍니다. 여러분의 선택은 매번 멋있고 예쁜 게 아니라 메시지가 눈에 띄거나, 나에게 도움이 되었거나, 내 주변과 관계가 있거나 하는 그런 콘텐츠였을 겁니다. 그런 걸 만들어보자는 겁니다.

'광고 제작 관련해서 어떤 툴을 써야 하는가' 하는 질문도 참 많습니다. 그러면 저는 무조건 배우기 쉽고, 수정하기 쉬운 도구를 사용하라고 말씀드립니다. 예를 들어 랜딩 페이지를 만든다고 하면 홈페이지 빌더 대신 노션을 추천합니다. 물론 나중에는 홈페이지 빌더로 제대로 된 홈페이지를 만들어야 할 수도 있겠지만, 맨 처음에는 노션에 글만 적는 걸로 시작해도 된다는 뜻입니다.

이 부분은 매우 중요하니 꼭 기억하세요. 사업 초창기일수록 A/B 테스트를 적게 했기에 수정할 일이 많습니다. 이때 홈페이지 빌더, 포토샵, 프리미어 프로 등 다루기 어렵고, 수정하기 힘든 툴을 쓰면 한 번 한 번 수정할 때마다 시간이나 에너지 소모가 크겠지요. 재빨리 수정해서 빠르게 고객 반응을 확인할 수도 없으니 사업이 진척되는 속도도 느려집니다. 결국 중간에 지쳐서 사업을 포기하게 될 확률도 높아집니다.

반면 노션, 미리캔버스, 망고보드, 캡컷, 브루 같은 툴을 떠올려보세요. 인터페이스도 간단하고 템플릿을 제공해 주니 상대적으로 퀄리티는 떨어지더라도 글, 이미지, 동영상을 쉽고 빠르게 만들 수 있습니다. 처음에는 이런 툴들을 적극 활용해 빠르게 최적화를 진행하고 자금에 여유가 생기면 포토샵을 잘 다루는 디자이너, 프리미어 프로와 애프터 이펙트를 잘 다루는 편집자를 직원으로 채용해서 콘텐츠 수준을 높이면 됩니다.

콘텐츠 레퍼런스도 마찬가지입니다. 초보도 쉽게 따라 할 수 있는 형식을 찾으세요. 인스타그램 카드뉴스를 보면 정말 디자인을 잘 한 카드뉴스도 있지만, 단색 배경에 글만 채워 넣은 단순한 콘텐츠도 많습니다. 심지어 내용에 따라서 그런 콘텐츠도 조회 수가 어마어마합니다. 유튜브도 동일합니다. 여러 시점에서 촬영한 영상을 교차 편집하고, 다양한 음향, 영상 효과, 예능 자막까지 넣은 영상은 만들기 어렵습니다. 하지만 원테이크 영상 정도는 누구나 쉽게 만들 수 있습니다.

최대한 콘텐츠 제작을 위한 도구 자체를 배우지 않는 방향으로, 쉽고 빠르게 만들 수 있는 레퍼런스를 찾으셔야 합니다. 장비도 처음부터 전문가용 장비를 구입할 필요는 없습니다. 저는 예전에 '유튜브를 시작해야겠다' 마음먹고 비싼 돈 주고 카메라, 마이크, 조명을 산 적이 있습니다. 하지만 살면서 한 번도 다뤄본 적 없는 장비라서 배워야 할 게 너무 많았습니다. 결국 쓰는 방법 자체를 연구하느라 시작조차 못하게 되어서 전부 당근 마켓에 처분하고 말았습니다. 지금 저는 스마트폰 하나 가지고 유튜브를 하고 있습니다. 그러니 무조건 장비부터 사지 마시고, 평소 쓰던 도구로 가볍게 시작해서 익숙해질 즈음 진짜 필요한 걸 하나씩 구입하세요.

광고할 때만 레퍼런스를 찾는 게 아니라, 평소 레퍼런스를 많이 모아두는 것이 좋습니다. 대중교통을 이용하거나, 잠깐 쉴 때 블로그, SNS, 유튜브 등을 통해 레퍼런스를 캡처하고 비슷한 유형끼리 묶어서 폴더별로 분류해 놓으세요. 나중에 광고 아이디어가 안 떠오를 때 이를 보면서 참고하면 좀 더 수월하게 광고를 만들 수 있을 것입니다.

13 린 프레임워크
케이스스터디를 배워봅시다

지금까지 10만 원 마케팅을 실무에 적용하기 위한 방법론에 관해 설명했습니다. 더불어 전체 프로세스를 다룬 파트 2도 끝을 향해 달려가고 있습니다. 파트 2의 마지막은 지금까지 배운 내용이 실전에서는 어떻게 활용되는지 사례를 통해 설명하겠습니다. 앞에서 오프라인 매장, 서비스업, 온라인 쇼핑몰 샘플 퍼널을 보여드렸는데요. 여기에 맞춰서 제 예전 수강생 혹은 마케팅 대행을 해온 사례 중 오프라인 매장, 서비스업, 온라인 쇼핑몰 사업 3가지를 통해 설명합니다. 시장조사를 통해 어떻게 내 회사의 경쟁우위를 찾고, 이를 마케팅 메시지로 만들며, 린 프레임워크를 만든 다음 A/B 테스트를 통해 사업을 발전시켜 나갔는지 집중해서 살펴봐주세요.

① 오프라인 매장 케이스스터디

먼저 오프라인 매장 케이스스터디입니다. 저는 예전에 공인중개사 한 분의 마케팅을 도와드린 적이 있습니다. 이분은 30대의 젊은 여성 사장님이셨습니다. 공인중개사 경력은 5년이었고, 저에게 의뢰하기 전부터 자기 사무실을 개업해 잘 운영하고 계셨습니다.

그분의 가장 큰 고민은 처음에는 인근에 공인중개사무소가 몇 개 없었는데, 시간이 지나면 지날수록 다른 공인중개사무소가 생겨나는 것이었습니다. 예전 같았으면 한 달에 10건의 계약을 했는데, 지금은 경쟁 공인중개사무소에 파이를 뺏기니까 한 달에 2~3건 정도로 계약 건수가 떨어졌다고 하는데요.

어떻게 마케팅을 하고 계시냐고 묻자, 공인중개사가 할 수 있는 마케팅은 다 하고 계셨습니다. 열심히 매물을 보러 돌아다니면서 사진과 동영상을 촬영해 네이버에 매물 광고도 내고, 블로그도 쓰고, 유튜브까지 하고 계셨습니다.

자기는 5년 동안 일한 만큼 부동산이라면 주거용 부동산, 상업용 부동산 가리지 않고 종합적으로 중개할 능력이 되는데, 이는 경력이 긴 공인중개사라면 누구에게나 해당하는 말이라서 차별화된 마케팅을 못한다는 점이 가장 답답하다고 하셨습니다. 경력이 비슷하다면 건너

편에 있는 사무소 대신 자신에게 찾아와야 하는 이유를 만들기가 힘들다는 것이죠.

저는 이분이 기본기는 정말 탄탄한데 하나에 집중하지 못하는 점이 아쉬웠습니다. 요즘은 변호사들도 이혼 전문 변호사, 교통사고 전문 변호사, 채권 추심 전문 변호사처럼 한 가지에 집중하고 특화해서 마케팅하기 때문입니다. 선뜻 하나를 선택하기 어려워하셔서 이유를 물어보자, 본인은 다 잘할 수 있는 사람인데 만약 내가 아파트 전문 공인중개사라고 말하면 그 말을 들은 고객이 '이 사람은 아파트 말고는 못하는 사람이구나'라고 여길까 봐 그게 싫어서 'ㅇㅇ 전문 공인중개사'라고 소개하기가 꺼려진다고 답하셨습니다.

하지만 집중이 필요한 상황인지라 현재 가장 큰 과제는 10만 원 마케팅을 통해 광고를 내서 기존에는 만나지 못했던 새로운 고객을 만나야 하는데, 광고는 하나의 메시지만 말해야 하니 사장님이 가장 잘할 수 있으면서 경쟁사와 비교할 때 경쟁우위도 있는 하나를 정하자고 설득했습니다. 여러 이야기를 하다가 이분이 꼬마 빌딩에 대해 언급하셨습니다. 꼬마 빌딩은 주로 5층 이하에 5~10억 사이로 살 수 있는 작은 빌딩인데요. 중개가 어려운 편이라 진입장벽이 제법 있어 경쟁자가 적으면서도 본인이 자신 있는 분야 중 하나라고 하셨습니다. 저는 부동산에 대해서는 잘 몰라서 지방이라면 모를까 서울권에 그 가격에 살 수 있는 작은 빌딩이 있냐고 물었습니다. 서울은 웬만한 아파트 하나가 10억이 넘어가니까 말입니다.

사장님이 말하길 물론 흔하지는 않고, 다른 값비싼 대형 빌딩과 비교하면 경쟁력이 약할 수도 있으나, 잘 찾아보면 5~10억 사이 가격에 5층까지 월세도 잘 나갈 만한 매물이 있다고 하셨습니다. 꼬마 빌딩 중에서도 공실 없이 세가 잘나가는 꼬마 빌딩은 따로 있는데 그 알짜배기 매물을 찾는 것이 자신의 능력이라고 말이죠.

듣고 보니 '꼬마 빌딩 전문 공인중개사를 마케팅 메시지로 만들어서 10만 원 마케팅을 시작할 수 있겠다'는 확신이 들었습니다. 최종적으로 이 사장님은 다음과 같이 퍼널이 정해졌습니다.

공인중개사 사업은 온라인에서 매물 광고, 블로그, 유튜브를 보고 연락하는 사람과 부동산 임장을 다니다가 중개사 사무실을 들르는 사람 둘로 나뉩니다. 일단 기존에 잘하던 오프라인 퍼널은 변화를 주지 않고 그대로 유지한 채, 온라인으로 새로운 퍼널을 만들었습니다.

사람들이 이분의 비즈니스에 관심을 가질 수 있도록 '서울에서 10억 미만 건물을 구매하는 노하우'라는 마케팅 메시지를 광고 소재로 만들었습니다. 소액의 광고비로 메타 광고를 시작했습니다. 보통 서울에서

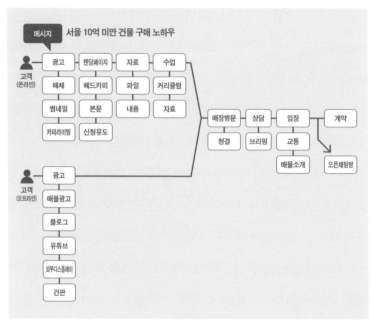

오프라인 매장 케이스스터디

빌딩 하면 50억, 100억 단위를 떠올리는데, '10억 미만'이라는 카피가 눈길을 끌었는지 제법 많은 상담 신청이 들어왔습니다.

사장님은 한 분 한 분 고객에게 전화를 드렸습니다. 바로 매물을 보고 싶은 분은 사무실에서 만난 후 같이 임장을 다녔고, 설명을 더 듣고 싶다는 분은 원 데이 클래스에 초대해서 꼬마 빌딩 투자의 장·단점, 월세가 잘나가는 꼬마 빌딩의 특징 등을 자세히 말씀드렸습니다. 강의를 들으신 분이나 매물까지 봤는데 망설이는 분에게는 꼬마빌딩 매입 시의 주의점을 정리한 자료를 드렸습니다.

나중에는 오픈 채팅방 퍼널을 추가했는데요. 꼭 지금 당장 계약하진 않더라도, 나중에라도 좋은 신규 매물이 나오면 오픈 채팅방에 가장 먼저 올릴 테니 들어오라고 유도했습니다. 그렇게 잠재 고객을 모아서 꾸준히 부동산 관련 최신 트렌드, 신규 매물 정보를 올리자 평소 오픈 채팅방을 통해 연락이 오기도 했습니다.

나중에 광고 성과를 봤을 때 공인중개사 사장님은 월 광고비 15만 원 정도를 사용하셨습니다. 그럼에도 잠재 고객을 확보하고, 일부 고객은 임장을 통해 꼬마 빌딩을 계약하셨습니다. 실제 이 모든 과정을 겪은 사장님은 '특정 물건 전문 공인중개사'라 말하는 편이 오히려 고객 만족도가 높다는 사실을 체감하셔서 이를 마케팅에 적극적으로 반영하고 계십니다. 요즘은 중개 매물 범위를 넓혀서 10만 원 마케팅을 잘 실천하고 계신다고 합니다.

② 서비스업 케이스스터디

서비스업은 앞에서 사짜 마케팅 사례를 소개해 드렸는데요. 이와 비슷하게 제가 예전에 운영했던 교육 프로그램 하나를 소개하겠습니다.

바로 '퇴근 후 창업'인데요. 우물 사업을 접고 인스텝스를 마케팅 대행사로 전환하면서 저는 스타트업 관련자를 자주 만났습니다. 대략 1년에 100팀 정도는 만났던 것 같습니다. 그런데 1년만 지나면 이분들에게 연락하기가 너무 미안했습니다. 대부분 망해서 사업을 접기 때문입니다.

다른 이들은 어떤 이유로 사업이 망하는지 지켜본 결과, 물론 여러 이유가 있으나 창업 아이템이 가장 결정적이라고 느꼈습니다. 첫 단추를 잘 끼워야 한다는 말이 있듯이, 사업에 있어 첫 단추는 창업 아이템이기 때문입니다. 아이템 선정을 잘못하면 그 이후는 아무리 잘하더라도 소용이 없지요. 사업을 바로 잡기 위해서는 다시 모든 단추를 풀고 처음부터 채워야 하는데요.

그래서 저는 만나는 스타트업 팀에게 이 첫 단추에 대해 확실하게 말을 해주고 싶었습니다. 이걸 짚고 넘어가지 않으면 저처럼 몇 년을 낭비하게 될 수 있으니까요. 그런데 면전에서 "대표님의 아이템은 나쁩니다."라고 대놓고 부정하는 건 너무나 큰 실례죠. 그래서 혹시 간접적으로라도 이런 메시지를 전할 방법을 고민하다가 수업을 하나 만들기로 한 것입니다.

짐작하셨다시피 그것이 바로 '퇴근 후 창업 교육 프로그램'입니다. 여기에서 좋은 창업 아이템의 조건, 실패할 확률이 높은 창업 아이템의 조건에 대해 가르치면 수업을 들은 스타트업 대표님들이 '내 사업 아이템은 저 조건에 해당하나? 안 하나?' 하고 혼자 고민하면서 내가 첫 단추를 잘 끼웠는지, 못 끼웠는지 알아서 깨달음을 얻을 것이라고 예상했습니다.

수업에는 또 다른 목표가 있었는데요. 이미 퇴사해서 스타트업을 시작한 분들은 어쩔 수 없지만, 아직 퇴사는 안 한 스타트업 예비 창업자라면 섣불리 퇴사하는 걸 막는 것이었습니다. 제가 앞에서 만약 타임머신을 타고 과거로 돌아간다면 회사를 다니면서 앱을 개발했을 거라고 말씀드렸죠? 여기까지 읽으셨으면 아시겠지만, 사업 하나를 시작하기 위해서는 많은 준비가 필요하고, 그 준비 대부분은 회사를 다니면서도 할 수 있습니다. 저는 그걸 몰라서 자금난으로 몸 고생, 마음고생 다 했는데, 다른 사람은 저와 같은 시행착오를 겪지 않았으면 했습니다.

이와 같은 이유로 퇴근 후 창업 수업을 시작할 대의명분은 충분했는데, 돈을 받는 정규 교육 프로그램을 만들 거라면 시장성이 있는지 검증할 필요가 있었습니다. 그래서 시중의 창업 교육, 창업 강의는 어떤 것들이 있는지 찾아다녔습니다.

창업 교육은 국가 기관에서도 많이 하고, 전문 벤처 캐피털사에도 수업이 있었습니다. 놀란 점은 퀄리티가 좋은 무료 수업이 정말 많았다는 점입니다. 어떤 점에서 퀄리티가 좋았냐면, 무려 유니콘 기업을 창업한 대표님들의 강의 영상을 볼 수 있었습니다. 앞서 설명한 것처럼 유니콘 기업은 기업가치 10억 달러 이상인 비상장 스타트업을 말합니다. 우리나라의 대표적인 유니콘 기업에는 두나무, 여기어때 컴퍼니, 야놀자, 비바리퍼블리카, 당근마켓, 빗썸코리아, 무신사 등이 있지요.

사실 이런 기업과 관련된 영상은 정말 멋지고 가슴 뛰는 강연이었지만, 맨 밑바닥에서 스타트업을 시작한 대표가 자기 사업에 적용하고 배울 점이 있냐는 물음에는 그렇다는 확답을 내리기가 어려웠습니다. 어느 정도 기반을 다진 스타트업 대표들은 배울 점이 많지만, 이제 막 시작하는 분들을 위한 강의는 아닐 수도 있겠다고 여긴 것입니다.

'그렇다면 내가 이제 시작하려는 사람에게 괜찮은 창업 아이템을 찾는 방법을 알려주고, 실제 창업을 시켜보는 교육 프로그램을 만든다면 이 시장에서 충분히 승산이 있겠다'는 확신이 들었습니다.

그래서 내가 잘할 수 있으면서, 고객이 나를 필요로 하는 창업 아이템을 발굴하고 그렇게 찾은 아이템을 10만 원 마케팅을 통해 직접 광고도 해보고, 고객을 만나 퍼널 최적화까지 해보는 커리큘럼을 만들었습니다.

마케팅 메시지는 수업 제목과 비슷하게 '퇴근 후 창업'으로 잡았습니다. 직관적이고 설명이 필요 없는 좋은 메시지였기 때문입니다. 제가 만나는 스타트업 대표님도 수업에 초대했지만, 광고를 통해 오는 고객은 '퇴근 후'라는 단어가 들어가서인지 직장을 다니면서 창업 준비하는 분들이 많이 오셨습니다.

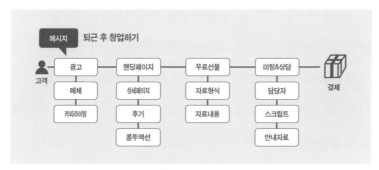

서비스업 케이스스터디

퇴근 후 창업의 퍼널은 사짜 마케팅과 크게 다르지 않았습니다. '퇴근 후 창업'이라는 마케팅 메시지를 자료, PDF, 랜딩 페이지, 카페, 유튜브 등에 일괄되게 넣어서 콘텐츠를 만든 다음 메타 광고를 진행했습니다. 전화 상담을 통해 고객을 원 데이 클래스 퍼널로 넘겼고, 원 데이 클래스를 들은 사람 중 일부가 정규 프로그램을 신청했습니다.

일 광고비 3,000원을 사용했었으니 한 달 31일을 기준으로 월 광고비 약 9만 3,000원을 사용한 셈입니다. 퍼널을 잘 정비해놓으니 이 정도 광고비만으로도 수강생을 모을 수 있었습니다. 맨 처음 1기를 진행하면서 금방 개선할 점을 찾을 수 있었는데요. 수강생마다 상황이 다 다른 점이 고객 만족도를 떨어뜨렸습니다.

창업을 한 번도 안 해본 분, 예전에 창업했으나 실패한 분, 확실한 창업 아이템이 있는 분, 실은 창업 아이템이 없으나 창업 아이템이 있다고 여기고 계시는 분 등…. 다양한 스펙트럼의 고객이 한자리에 모이니 일괄적으로 정보를 전달하기가 힘든 부분이 있었습니다.

비유하자면 수능 학원에 1등급, 4등급, 7등급 학생이 같이 앉아있는 것 같았습니다. 쉬운 내용을 이야기하면 1등급 학생은 시큰둥하고, 그렇다고 어려운 내용을 말하면 1등급 학생은 집중해서 듣지만 7등급 학생이 못 쫓아오는 그런 느낌이었습니다.

어떻게든 개별 1:1 피드백을 해드려서 수업 자체는 끝까지 끌고 갔지만, 어느 정도 사업에 경험이 있는 숙련자는 화요일에 따로 모임을 만들어서 분반했습니다. 거기에 더해 2기부터는 초심자만 모아서 수업을 진행하였습니다. 그러자 확실히 고객 만족도를 더 높일 수 있었습니다.

③ 온라인 쇼핑몰 케이스스터디

마지막으로 온라인 쇼핑몰 사례입니다. 예전에 반찬 쇼핑몰을 운영하는 한 40대 남성 사장님의 마케팅을 도와드린 적 있습니다. 이분은 제가 인스텝스를 대행사로 전환했을 무렵 인연이 닿았는데요. 그때는 광고주로 오시지는 않았고, 대기업 마케팅 담당자로 저에게 외주를 맡기는 실무자 입장이셨습니다. 그 이후 퇴사하고 반찬가게를 창업했는데 온라인 마케팅이 필요해지자 제가 기억이 나서 저에게 마케팅을 의뢰하시고 싶다고 연락을 주셨습니다.

보통 반찬 가게는 오프라인과 온라인을 병행할 때가 많은데 의뢰하셨던 사장님은 오프라인 매장은 안 하고 자사 몰과 스마트스토어 2개를 운영하면서 반찬을 팔고 계셨습니다. 상품을 올려놓고 파워링크 광고, 구글 이미지 배너 광고를 통해 노출했을 때 반찬이 팔리긴 팔렸지만, 광고비를 뛰어넘을 만큼 흑자가 나지 않아 고민이 많으셨습니다. 광고 성과가 좋지 않은 이유는 사장님도 잘 알고 계셨는데요. 온라인으로 반찬을 파는 경쟁사가 참 많은데, 이들과 비교해서 특별한 점이 없다는 것이었습니다. 게다가 반찬은 유통기한이 짧아서 만들고 빨리다 안 팔면 폐기해야 한다고 합니다. 이러한 2가지 이유로 고민하고 계셨습니다.

제가 봤을 때 가장 급선무는 마케팅 메시지를 만드는 것이었습니다. 상세페이지를 포함해서 자사 몰과 스마트스토어를 쭉 둘러보니, 소비자가 굳이 여기서 반찬을 살 이유를 발견할 수 없었습니다. 바로 메시지를 만들기 위한 시장조사에 착수했습니다. 반찬가게에서 반찬을 사 먹는 사람은 누구일까요? 고객 중에는 외식만으로 끼니를 해결하는 사람도 있고, 마트에서 재료를 사다가 집에서 요리해서 먹는 사람도 있고, 집에서는 밥만 만들고 반찬은 반찬가게에서 사 먹는 사람이 있습니다.

우리는 집에서는 밥만 만들고 반찬은 사 먹는 사람을 타깃으로 잡아야 했습니다. 계속 조사해 보니 이런 유형의 사람은 서울 토박이보다는 지방에서 서울로 올라온 분들이 많은 것 같았습니다. 공통적으로 자기 고향에서 먹던 반찬에 대한 향수가 있었고요. 마침 사장님도 고향은 지방이셔서서 공감된다고 하셨습니다.

그렇게 지방 출신으로 서울에 올라온 분들을 타겟팅을 한 마케팅 메시지를 만들었는데요. 바로 '지역 특색이 강한 반찬가게'였습니다. 어디서나 볼 수 있는 콩나물, 시금치 같은 반찬이 아닌 예를 들어 경상도에서 인기가 많은 반찬, 전라도에서 인기가 많은 반찬 등 지역 특색이 강한 반찬으로 메뉴를 싹 바꾼 것입니다.

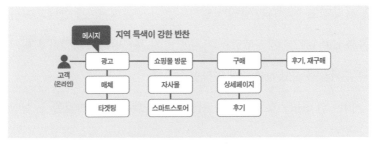

이커머스 쇼핑몰 케이스스터디

바꾼 마케팅 메시지에 맞춰 대대적인 변화가 시작되었습니다. 기존에 올려놨던 자사 몰과 스마트스토어 상품을 내리고, 신 메뉴로 상품을 재등록했고요. 신경 써서 상세페이지도 다시 만들어 올렸습니다. 그리고 광고를 시작했습니다.

제가 찾은 레퍼런스는 리스티클Listicle 콘텐츠였는데요. 이는 주제 하나를 정해서 여기저기 흩어져 있던 정보를 묶어 넘버링 하여 리스트 형태로 제공하는 콘텐츠를 뜻합니다. 아마 인스타그램에서 '꼭 ○○ 해봐야 할 □□ N 가지!'와 비슷한 카드뉴스를 자주 보셨을 겁니다. 자매품으로 '~하는 N 가지 방법, N 가지 법칙, N 가지 패턴' 등이 있죠.

이를 접목해 '경상도에서 인기 많은 반찬 N 가지', '경상도 사람들이 좋아하는 반찬 N 가지'라는 카드뉴스를 제작해서 인스타그램 광고를 집행했습니다. 광고를 본 사람이 클릭하면 해당 반찬 상세페이지로 이

동시켰고요. 이전과는 달리 차별화되는 마케팅 메시지를 만들고 자사몰과 스마트스토어도 해당 메시지에 맞게 재정비하고 광고하자 이전과 대비해서 광고 성과가 매우 좋았습니다.

10만 원 안팎으로 광고비를 써서 초기 고객을 많이 확보할 수 있었습니다. 그렇게 반찬이 한 번 팔리니 재주문을 하는 단골도 많이 생겼고요. 안타까운 점은 이 매출이 계속 이어지지는 못했습니다. 반찬가게가 장사가 잘되기 시작하자 똑같은 마케팅 메시지를 내세우는 경쟁사가 나타나기 시작했거든요.

어떤 사업을 하든 카피캣으로부터 완전히 벗어나기는 힘듭니다. 그러므로 한 번 터닝 포인트가 왔을 때 안주하지 말고 계속해서 새로운 테스트 유닛 발굴과 A/B 테스트를 거듭해 경쟁사가 쫓아오기 전에 고객 최적화를 해둘 필요가 있습니다.

14

슬기롭게
광고 대행사를 활용하는 법

제 실패담을 통해 '사업하면서 주의해야 할 3가지'에 대해 말씀드렸습니다. 이번에도 파트 3으로 넘어가기 전에 여담을 하나 해볼까 합니다. 아마도 여러분도 관심이 많으실 법한 '슬기로운 광고 대행사 활용법'에 관한 것입니다.

저를 찾아오는 대표님 중에는 마케팅 대행사를 통해 광고했는데도 매출이 없었다는 분이 꼭 계십니다. 잘 안된 이유는 대행사를 잘못 만나서 일 수도 있고 상품에 문제가 있었을 수도 있지만, 사연을 들어보면 대행사를 잘 활용하지 못하는 상황이 의외로 많습니다.

저는 대행사 출신 마케터이기도 하고, 현직 마케팅 대행사 대표인만큼 사장님들이 마케팅 대행사를 이렇게 이용하면 손해 보지 않을 거라는 나름의 기준이 있는데요. 총 5가지 팁에 대해 말씀드리겠습니다. 여러분의 소중한 광고비를 아끼기 위해서라도 집중해서 읽어주시길 바랍니다.

① 광고 회사에 모든 걸 다 해달라고 의뢰하지 마세요

만약 대행사에 광고를 맡기려 한다고 가정해 보겠습니다. 아무리 광고를 대행사에 의뢰한다고 하더라도 '광고 대회사에 맡기면 어련히 알아서 다 해주겠지?'라고 여긴다면 큰일 날 수 있습니다. 오프라인 사업을 하든, 온라인 사업을 하든 사업을 시작하면 어떻게 알았는지 마케팅 회사 영업사원들에게 꾸준히 전화가 걸려옵니다.

보통 오프라인 가게라면 체험단 마케팅으로 리뷰를 만들어 올려야 한다, 지도에 노출될 수 있도록 해주겠다고 합니다. 온라인 사업이라면 네이버 쇼핑 최상단에 뜨게 해주겠다, 검색 광고를 시작해야 한다, 배너 광고로 사람들이 찾아오게 해야 한다, 요즘 사람들이 가장 많이 보는 유튜브에 노출해 보자고도 하지요.

듣고 보니 다 맞는 이야기 같고, '원래는 얼마인데 지금 하시면 특별가로 할인 프로모션 해준다'는 말에 기회인가 싶어서 덜컥 계약하기도 합니다. 문제는 대행사가 추천하는 마케팅이 반드시 내 사업에 유효하다는 보장이 없다는 점입니다. 아시다시피 마케팅은 방법도 여러 가지고 채널도 많습니다. 광고 대행사는 많고 많은 마케팅 채널, 많고 많은 방법을 전부 다 할 줄 알까요? 그렇지 않습니다. 종합광고대행사라 하더라도 몇 가지 자신 있는 주력 분야가 있고, 나머지는 다른 대행사에 외주를 맡기는 편입니다.

만약 해당 대행사가 네이버 바이럴 마케팅이 주력 분야라면 어떤 사람이 오더라도 네이버 바이럴 마케팅을 중점적으로 해야 한다고 강조합니다. SNS가 전문인 곳은 SNS 마케팅을 기반으로 설득합니다. 들어볼 때는 다 맞는 이야기 같지만, 나한테 맞는 이야기인지는 알 수 없습니다.

대행사도 이럴 수밖에 없는 것이, 클라이언트가 내 문제가 정확히 뭔지도 모르는 상태에서 문제를 풀어달라고 찾아오면 대행사는 대행사 나름의 방식으로 그 문제를 풀어줄 수밖에 없습니다. 당연히 모든 대행사가 자기들이 각각 자신 있는 방법으로 문제를 풀어주려고 시도하겠죠?

먼저 내가 내 사업에 필요한 마케팅이 무엇인지 알아보고 그 마케팅을 잘하는 대행사에 일을 맡겨야 합니다. 앞에서 시장조사 보고서와 광고 기획서를 작성하는 방법을 알려준 이유가 여기에 있습니다. 내가 하려는 사업에 대해서 고객들은 어느 마케팅 채널이 많이 모여 있는지, 경쟁사는 어떻게 마케팅을 하고 있는지 미리 조사하고, 이에 맞춰 내가 경쟁우위를 갖기 위해 어떤 마케팅 메시지로 어떻게 광고를 할 것인지 큰 방향을 정하고 대행사를 만나서야 합니다.

이런 점을 직접 고심하지 않고 대행사부터 만나면 대부분의 사장님이 대행사가 하자는 대로 따라가게 됩니다. '예전에 비슷한 업종의 마케팅 대행을 해봤는데 이걸 해서 잘 되었다'는 말에 설득을 당합니다. 하지만 업종이 같아도 상품의 디테일이나 여러 조건과 상황은 회사마다 다르기에 대행사의 과거 성공사례가 꼭 적중하리라는 법은 없습니다. 그러므로 사업의 성패에 큰 영향을 주는 대행사를 선정하는데는 신중해야 합니다.

파트 1에서 혼자서 할 수 있는 마케팅 트레이닝 방법 중 역추적 트레이닝 기억나시죠? 이걸 내 아이템을 놓고 적용해 보면 고객이 주로 어디에서 내 상품을 접하고 처음 구매할 마음이 생기겠다는 예상이 될 겁니다. 거기에 파트 2에서 가르쳐드린 시장조사 보고서와 광고 기획서까지 작성한 다음 대행사 미팅을 시작하면 대행사에 수동적으로 끌려 다니지 않고, 내가 주체가 되어서 대행사를 활용할 수 있는 기본이 마련된 셈입니다. 이처럼 대행사를 활용할 때에도 그 주체는 반드시 자사가 될 수 있도록 자사 제품이나 서비스의 마케팅을 끊임없이 연구해야 합니다.

② 해당 마케팅이 효과가 좋은 원리를 이해한 상태에서 대행을 의뢰합니다

내 회사에 필요한 마케팅이 무엇인지 직접 조사하고 대행을 맡기라고 했습니다. 여기서 두 번째 문제가 생기는데요. 대행사에 의뢰하면 해당 마케팅에 관한 모든 일을 대행사가 다 처리합니다. 그러면서 의뢰자는 그들이 구체적으로 일을 어떻게 하는지를 모릅니다.

이때 '대행사 마케터는 광고 전문가니까 어련히 알아서 잘해주겠지?' 하고 지켜만 봐서는 안 됩니다. 해당 광고가 어떠한 원리로 마케팅 효과가 있는지에 관해 자신이 이해한 상태에서 대행을 맡겨야 합니다. 대행사를 불신해서가 아니라, 이들과 더 효율적으로 소통하기 위해서입니다. 또한 이를 알아야 대행을 맡겨서 결과가 안 좋아도 결과가 안 좋을 수밖에 없는 이유를 파악해서 대처할 수 있습니다.

예를 들어 내가 전문직이라고 가정해 보겠습니다. 흔히 전문직은 블로그 마케팅이 효과가 좋다고 합니다. 왜 그럴까요? 블로그 마케팅의 핵심은 키워드입니다. 대한민국 사람은 정보를 찾아볼 때 네이버, 유튜브, 구글 세 곳에 키워드를 검색해서 정보를 얻습니다. 특히 전문직의 도움이 필요한 사람들은 네이버와 유튜브 검색을 많이 하는데, 오래 시청해야 하는 동영상만 모인 유튜브 보다 글을 빠르게 읽을 수 있는 네이버 검색을 선호하는 고객들이 많습니다.

네이버에 전문직 관련 키워드를 검색하면 검색 결과로 대개 블로그가 제일 먼저 나옵니다. 사람들은 변호사가 작성한 블로그 포스팅, 세무사가 작성한 블로그 포스팅을 읽어보고 글이 가장 마음에 드는 사람 몇 명을 추려서 블로그 프로필을 보고 전화를 걸어서 상담을 받습니다. 이것이 전문직 사업에 있어서 블로그 마케팅이 효과가 좋은 메커니즘인데요.

이 원리를 모르고 대행을 맡기면 어떨까요? 대행사가 블로그에 계속 글은 써주고 있는데 잘해주고 있는 건지 분석이 안 됩니다. 반면 원리를 알고 대행을 맡기면 마케팅 효과가 없더라도 키워드 상위 노출이 안 되어서 효과가 없는지, 키워드 검색 량이 적은 키워드로 상위 노출을 해서인지, 포스팅 내용이 문제인지, 포스팅 가독성이 문제인지 원인을 파악해서 고쳐달라고 요청할 수 있게 됩니다.

그렇다면 각 마케팅 채널의 원리를 이해하는 법을 알아야겠죠? 방법은 간단합니다. 요즘은 유튜브에 블로그 마케팅, 인스타그램 마케팅, 유튜브 마케팅 같은 키워드만 검색해도 채널의 특징과 마케팅하는 방법을 가르쳐 주는 콘텐츠가 참 많습니다. 유튜브 영상으로 기본적인 내용을 숙지한 다음 대행사 광고 담당자에게 계속 질문하면 됩니다. 그러면 해당 광고가 효과를 보기 위해 어떻게 마케팅하고 있는지를 알려줄 것입니다.

③ 마케팅 대행사 선정의 기준: 가장 중요한 건 광고 담당자입니다

"좋은 대행사를 고르는 기준이 무엇인가요?"

이는 많은 대표님들이 저에게 하시는 질문입니다. 여러 가지 기준이 있지만, 가장 중요한 한 가지를 고르라면 내 제품이나 서비스의 마케팅을 맡아줄 광고 담당자라고 할 수 있겠습니다. 보통 마케팅 대행사는 대표가 있고 그 밑에 중간 관리자인 팀장이 여러 명 있습니다. 내가 광고를 의뢰했을 때 대표가 직접 내 광고를 담당하는 일은 매우 드물고, 대부분 팀장에게 일이 배정됩니다. 그러면 팀장이 주도적으로 아이디어를 내서 큰 방향을 결정하고 팀원과 함께 마케팅 활동을 시작하는 구조입니다.

따라서 어떻게 보면 대행사 대표보다도 내 광고를 담당할 팀장이 어떤 사람이냐가 더 중요할 수 있습니다. 그렇다면 어떤 담당자가 좋을까요? 팀장급이라면 어느 정도 경력을 쌓은 마케터일 것입니다. 과거 나와 같은 업종의 광고를 해본 경험이 있는 마케터가 가장 좋습니다. 만약 내가 수학학원을 운영한다면 이전에 수학학원 광고 및 마케팅을 기획부터 운영까지 진행해 본 경험이 있는 마케터가 최고의 담당자라 할 수 있는데요. 해당 업계에 대해 지식이 아주 없는 마케터와 업계에 대해 경험이 있는 마케터는 큰 격차가 있기 때문입니다. 경험이 있는 마케터는 대체로 고객이 어떤 니즈를 갖고 있고, 구매하기 위해 어떻게 움직이는지를 알고 있습니다. 저번 수학학원 광고는 실패했더라도 그때의 경험에서 배운 교훈을 통해 내 수학학원 광고는 성공하게 할 가능성이 있습니다. 물론 성공 경험이면 더 좋겠지만, 굳이 성공 경험을 따지지 않는 이유는 어차피 대행사는 실패했더라도 영업을 위해 성공했다고 말할 것이기 때문입니다.

앞에서 요즘은 변호사도 이혼 전문 변호사, 채권 추심 전문 변호사, 교통사고 전문 변호사 등 한 가지 전문성을 내세운다고 했는데요. 요즘은 마케팅 대행사도 한 가지만 전문화해서 포지셔닝 하는 추세입니다. 식당 전문 마케팅 대행사, 전문직 전문 마케팅 대행사, 패션 쇼핑몰 마케팅 전문 대행사 등으로 특화해서 한 업종만 대행하는 곳이 있습니다.

이런 회사는 내 담당자가 될 팀장이 당연히 내 업종에 대해 경험이 풍부할 수밖에 없습니다. 만약 내 업종에 특화된 대행사가 있으면 해당 대행사와 먼저 미팅을 해보시는 걸 추천합니다. 또한 첫 미팅 때 대표에게 부탁해서 내 담당자가 되어줄 팀장도 미팅에 동석해달라고 요청해 보세요. 미팅 자리에서 대표와 팀장 모두에게 내 사업에 대해 자세히 설명하고, 팀장에게 우리 회사가 어떻게 광고해야 매출이 오를 것 같은지 물어봐서 가장 답변이 마음에 드는 대행사를 선택하면 실패할 확률을 대폭 낮출 수 있습니다.

사실 팀장이 내 업종에 대한 경험만 있으면 전문 광고대행사든, 종합 광고대행사든 크게 상관없습니다. 흔히 큰 병에 걸리면 최소 3곳 이상의 병원에서 상담받고 수술을 결정하라고 하죠? 마케팅 대행사도 비슷합니다. 최소 3곳 이상의 대행사와 미팅을 해보고 광고 담당자가 될 팀장이 마음에 드는 대행사로 선택하시면 됩니다.

미팅을 여러 번 할수록 대행사에 더 다양한 질문을 할 수 있습니다. 이전 대행사와 미팅할 때 제안받은 내용을 "이렇게 마케팅을 해보면 좋을 거 같은데 어떻게 생각하세요?"라고 간접적으로 물어볼 수 있기 때문입니다. 거기에 대해 대행사가 어떻게 답변하는지를 들으면 다양한 관점에서 정보가 들어오기에 위험한 선택을 할 확률은 낮아집니다.

그러니 할인 프로모션을 해준다는 영업 전화만 받고 덜컥 계약하는 일은 없길 바랍니다.

④ 에이전시 마케터 vs. 인하우스 마케터

사장님들이 자주 고민하는 주제 중 하나가 마케팅을 대행사에 외주를 줄 것인지, 인하우스 마케터를 직원으로 채용해서 마케팅을 진행할 것인지입니다. 에이전시 마케터와 인하우스 마케터는 각자 장·단점이 있기에 둘 다 병행하는 것이 좋습니다. 처음에는 대행사 마케터로 시작해서 필요한 때가 오면 인하우스 마케터를 채용하는 방향을 권장합니다.

인하우스 마케터가 있을 때의 장점은 대행사와 달리 한 사무실에서 사장과 같이 근무하기에 의사소통이 빠르다는 점입니다. 광고에는 매일 관리해야 하는 광고가 있고, 새롭게 시도해 봐야 할 광고가 있습니다. 인하우스 마케터는 에이전시 마케터와 달리 담당 업체가 자사 한 곳밖에 없어서 집중해서 광고 관리를 할 수 있게 됩니다. 더불어 커뮤니케이션 속도가 빠르니 새로운 광고도 빠른 속도로 테스트할 수 있다는 장점도 있지요.

문제는 대부분 사장님은 인하우스 마케터에게 마케팅 업무만 담당하게 하지 않는다는 점입니다. 대기업이면 부서별 업무영역이 명확하게 나뉘어 있지만, 작은 회사일수록 일은 넘쳐나는데 인력은 부족하니 한 가지 일만 잘하는 사람보다 여러 가지 일을 적절하게 잘해내는 인재가 필요합니다. 그래서 인하우스 마케터가 입사하면 마케팅을 포함해 사무직 업무 전반을 진행하는 상황이 많습니다.

예전에 한 대표님을 상담해 드린 적이 있습니다. 이분은 원래 대행사를 통해 광고했었고, 광고 성과가 매우 훌륭했다고 합니다. 이제 직접 광고를 해야겠다 싶어서 대행을 그만두고 인하우스 마케터를 뽑아 마케팅 업무를 전담시켰다고 합니다. 그러자 오히려 광고 효율이 대폭 내려갔다고 합니다. 하는 수없이 예전 대행사에 다시 연락했는데 예전과 같은 성과를 내지 못한다고 하셨습니다.

어디서부터 잘못된 걸까요? 무능한 인하우스 마케터를 채용한 것이 원인일까요? 그럴 수도 있겠지만, 당시 상황을 들어봤을 때 마케터에게 문제가 있는 것 같지는 않았습니다. 인하우스 마케터가 근무 시간 9시간 동안 100퍼센트 마케팅에만 집중할 수 있는 환경인지 돌아볼 필요가 있는데요. 인하우스 마케터 입장에서 나는 분명 마케팅 담당자로 입사했는데 물류도 해야 하고, CS도 해야 하며, 사무보조도 해야 하면 에이전시 마케터보다 광고를 잘할 수는 없습니다. 에이전시 마케터는 9시간 동안 광고에만 집중할 수 있기 때문입니다.

똑같은 회사에 다시 광고를 맡겼는데 성과가 예전만 못한 것도 다 이유가 있습니다. 다시 대행사를 찾았을 때는 맨 처음 광고를 잘해준 팀장님이 퇴사해서 새로운 팀장님이 광고 담당자가 되었거든요. 예전 팀장님은 몇 개월 동안 대표님과 합을 맞추면서 광고 효율을 개선해나간 경험이 있지만, 새 팀장님은 0에서부터 다시 시작해야 하는 상황입니다.

작은 회사일수록 인하우스 마케터에게 마케팅만 진행하게 하기에는 환경적으로 어렵기 때문에, 차라리 이 부분을 인정하고 에이전시 마케터와 인하우스 마케터 각각 역할 분담을 해서 일을 맡기는 편이 낫습니다. 먼저 인하우스 마케터에게는 대표, 기획자와 함께 마케팅 메시지 제작, 마케팅 퍼널과 세일즈 퍼널 설계, 테스트 유닛 발굴과 A/B 테스트를 전담하게 합니다. 즉, 린 프레임워크 개선을 인하우스 마케터와 함께 하는 것입니다.

에이전시 마케터는 광고의 전문가일지언정, 우리 회사와 우리 상품의 전문가는 아닙니다. 대행사와 미팅할 때 우리 회사 담당자가 될 팀장님에게 린 프레임워크를 설계하고 이를 발전시키는 과정을 도와달라고 하면 수락할까요? 그에 반해 인하우스 마케터는 회사에서 같이 일하는 동료니 소통도 빠르고, 나름 애사심이 있으며, 회사 안에서 상품에 관해 일어나는 다양한 소식을 접하니 상품과 고객 이해도가 높아서 에이전시 마케터보다 훨씬 훌륭한 기획을 해냅니다.

다만 마케팅 말고도 해야 할 일이 많아서 광고에 100퍼센트 집중하지 못한다고 했죠? 그러니 이 부분은 대행사 에이전시 마케터에게 맡깁니다. 인하우스 마케터와 함께 어떤 채널에 어떤 마케팅 메시지로 어떤 유형의 소재로 광고비 예산과 기간 얼마로 광고를 해달라고 구체적으로 기획해서 에이전시 마케터에게 요구하는 것이죠. 만약 여건이 되신다면 제가 파트 2에서 소개해 드린 시장조사 보고서와 광고 기획서를 인하우스 마케터와 함께 제작한 뒤 대행사 미팅을 해보시길 바랍니다.

⑤ 반드시 보고서를 받고, 보고서에 대한 설명을 듣습니다

마지막 팁입니다. 바로 앞에서 대행사는 광고의 전문가이지, 내 회사와 내 상품의 전문가는 아니라고 했습니다. 마케팅 대행사가 나쁜 건 아니지만, 대표가 내 사업 아이템에 관해 시장조사를 하지 않고 린 프레임워크를 설계하지 않은 채 대행사에만 의존하기 시작하면 그만큼 마케팅에 관한 가설을 설립하고 도전하는 방향과는 멀어집니다.

그래서 처음부터 저는 소액의 광고비로 마케팅 성과를 내는 미션에 대표가 직접 도전해야만 한다고 계속해서 강조해왔습니다. 따라서 사업 아이템이 준비되면 바로 대행사부터 찾아가기보다는 대표 혼자서 린 프레임워크를 완성하거나, 기획자나 인하우스 마케터와 함께 린 프레임워크를 완성한 다음 대행사를 찾아가는 것이 순서적으로 맞는다고 보는데요. 하지만 회사마다 사정이 다르기에 어떤 사장님은 너무 바빠서 마케팅에 직접 도전할 여건이 안 되고, 어쩔 수 없이 대행사를 써야만 한다는 경우도 있습니다. 그럴 수밖에 없는 상황이라면 최대한 현명하게 대행사를 이용해야겠지요.

먼저 1주일 단위로 주간 보고서를 요청하세요. 대부분 대행사가 7일간 날짜별 광고 지표, 그래프와 더불어 담당 팀장의 코멘트까지 덧붙인 주간 보고서를 제출할 것입니다. 코멘트에는 보통 '어떤 기획 의도를 가지고 소재를 제작해 광고를 진행했으며, 그 성과가 어떠하였고, 성과가 저조하였다면 원인은 무엇으로 보이며 다음 주에는 어떻게 해서 성과를 높여보겠다'는 내용이 들어갑니다. 만약 코멘트에 해당 내용이 없으면 다음 코멘트부터는 앞서 말한 내용을 전부 포함해서 작성해달라고 요청하세요.

보고서를 읽어본 다음 궁금한 점이 있거나, 내용이 이해가 안 가면 담당 팀장님에게 딱 10분만 시간을 내달라고 요청해서 통화하시길 바랍니다. 많은 사장님이 예상보다 이걸 어려워하십니다. 보고서에 대해서 질문한다는 건, 나는 당신의 보고서를 읽어도 이해가 안 된다며 자신의 무지함을 티 내는 것만 같고, 광고 전문가가 어련히 알아서 잘해 주지 않을까 싶어서입니다.

하지만 체면이 떨어지는 걸 감수하더라도 꼭 질문하셔야 합니다. 모르는 채로 넘어가 버리면 광고가 어떻게 진행되고 있는지, 성과가 좋다면 그 원인이 무엇인지, 성과가 저조하다면 그 원인이 무엇인지를 놓치게 됩니다. 이런 일이 반복되면 나중에 직접 마케팅을 하거나 다른 대행사에 일을 맡기면 다시 0에서부터 시작하는 꼴이 되어버립니다. 1주일에 단 하루, 그것도 10분이면 되니까요. 광고 담당자와 꼭 소통하세요.

만약 이런 부분을 요청하는데 광고 담당자가 거절하거나 제대로 안 한다면 어떻게 해야 할까요? 대표에게 전화해서 '담당자를 바꿔달라는 요청'을 하셔야 합니다. 마음이 약한 분은 또 이걸 잘 못합니다. 하지만 인간적으로 잘 안 맞는 팀장과 계속 소통하는 건 장기적으로 봤을 때 나나 담당 팀장에게나 서로 좋을 게 없습니다. 빨리 담당자를 교체하는 편이 서로에게 좋습니다. 교체를 요청해서 새로운 담당자가 배정되었는데도 똑같은 일이 일어난다면 이는 이전 광고 담당자의 잘못이 아니라 대행사 자체의 문제로 보아야 합니다. 이럴 때는 계약을 해지하고 새로운 대행사를 찾는 수밖에 없습니다.

실전
10만 원 마케팅 채널,

PART 3

이렇게
활용해 봅시다

15

10만 원으로 충분히 효과를 낼 수 있는 리뷰 마케팅

여기까지 읽어주신 분들에게 박수를 보냅니다. 이제 이 책도 마지막 파트만을 남겨두고 있네요. 사실 여기까지 책을 읽었으면 제가 어떤 말을 하고 싶은지, 내가 10만 원 마케팅을 하기 위해서는 무엇부터 해야 하는지 어느 정도 이해하셨을 겁니다.

파트 1에서 알려드린 역추적 트레이닝부터 시작해서 파트 2에서 알려드린 시장조사, 마케팅 메시지 제작, 스토리텔링 제작, 퍼널 기획, 린 프레임워크 설계까지 쭉 따라서 해보시면 됩니다. 린 프레임워크를 1차로 완성했다면 주변 지인들을 첫 고객으로 빠르게 테스트한 다음 약점을 보완한 후 소액의 광고비로 2차 테스트를 시작해 보세요.

여기까지 진도가 나갔다는 가정 하에 파트 3에서는 10만 원 마케팅하기 좋은 마케팅 채널에 대해 다뤄보겠습니다. 사실 1부에서 10만 원 마케팅의 본질을 말씀드릴 때 마케팅 채널은 크게 중요하지 않다고 설명했습니다.

스타트업 대표님에게 강의나 멘토링을 하면 정말 다양한 질문을 받는데, 항상 빠지지 않고 묻는 단골 질문이 하나 있다고 말한 거 기억나시죠? '요즘 ○○○이 유행인데 이거 무조건 해야겠죠? 이걸 하면 돈 벌 수 있을까요?' 이 ○○○은 과거에는 블로그였고, 몇 년 전에는 인스타그램이었으며, 지금은 유튜브라고도 했습니다. 이에 대해 채널보다 중요한 건 메시지이며, 유행 때문에 하기도 싫은 마케팅 채널을 억지로 하는 것보다 내가 좋아하는 채널, 내가 재미있게 만들 수 있는 콘텐츠로 먼저 광고를 시작해 보시라고 답변드렸습니다.

요즘은 너도나도 이용하는 유튜브에 비하면 다른 플랫폼은 사람이 적은 것처럼 보이지만 사실 많은 이들이 이용하고 있습니다. 마케팅 채널에서 문제를 찾기보다는 메시지에서 찾는 습관을 길러보세요. 내 마케팅 메시지가 진정 고객이 원하는 니즈와 맞닿아 있고, 내가 그만한 가치를 제공해 줄 수만 있으면 네이버, 메타, 유튜브 어디에 광고해도 분명 반응하는 고객이 있습니다.

또한, 내가 좋아하는 채널은 광고를 안 하는 평소에도 스마트폰으로 꾸준히 들어가서 콘텐츠를 찾아서 보시길 바랍니다. 그러다 보면 해당 채널에 어떤 콘텐츠를 올려야 사람들이 좋아하는지 무의식적으로 알게 됩니다. 생소한 채널을 새롭게 공부해서 시작하는 것보다 훨씬 빨리 광고를 시작할 수 있고, 빠르게 시작하는 만큼 신속하게 고객 반응을 피드백 받아 사업을 발전시킬 수 있습니다.

그럼에도 파트 3에서 굳이 마케팅 채널의 이야기를 하는 이유는 다음과 같습니다. 사업을 처음 시작했을 때부터 '나는 내 아이템을 어디에 어떻게 한 번 알려봐야겠다'라고 아이디어가 잘 떠오르는 대표님도 계시겠지만, 평소 마케팅이 너무 생소해서 파트 2까지 읽으면서 린 프레임워크까지 완성했고, 이제 광고를 통해 고객과 만날 차례인데 어떤 채널에서 어떻게 광고를 시작해야 하는지 감이 안 잡히는 대표님도 계실 것입니다.

대부분 마케팅 책은 전통적인 분류법으로 마케팅 채널을 소개합니다. '검색엔진에는 네이버, 구글, 유튜브가 있다. SNS로는 페이스북, 인스타그램이 있다'는 식입니다. 저는 그 대신 콘텐츠 형식으로 채널을 소개하려고 합니다. 글을 써서 콘텐츠나 광고 소재를 만들어야 하는 채널, 사진을 써야 하는 채널, 동영상을 써야 하는 채널로 말이죠. 내가 글쓰기를 좋아하면 글쓰기와 관련된 채널부터, 영상을 좋아하면 영상과 관련된 채널부터 마케팅 활동을 시작하면 됩니다.

지금부터는 다양한 채널을 소개할 예정인데요. 각 채널에 대해 어떻게 광고하면 되는지 사진으로 한 장 한 장 보여주면서 자세하게 소개하기에는 조심스러운 부분이 있습니다. 마케팅 채널의 인터페이스가 바뀌는 속도는 의외로 빠르기 때문입니다. 원고를 쓰는 지금 이 시점을 기준으로 광고하는 방법을 소개했는데, 책이 출간된 직후 인터페이스가 변했을 수도 있습니다.

따라서 각 마케팅 채널에 대해서는 자주 바뀌는 인터페이스 대신 왜 해당 채널이 마케팅 효과가 있는지 잘 변하지 않는 원리를 중점적으로 설명하겠습니다. 제 소개를 보고 '이 채널에 광고를 한 번 해봐야겠다'는 결심이 섰다면 구체적인 인터페이스는 유튜브 최신 영상을 검색해 보세요. 유료 강연 플랫폼의 동영상 강의까지 갈 필요도 없습니다. 요즘은 플랫폼마다 실제 시연을 통해 광고 세팅하는 방법을 가르쳐 주는 유튜브 무료 영상이 많아서 광고 진행에 큰 어려움은 없으실 것입니다.

이제 본격적으로 리뷰 마케팅부터 알아보겠습니다. 이걸 제일 먼저 말씀드리는 이유는 제일 먼저 해야 하는 마케팅이기 때문입니다. 바로 내 상품에 관한 리뷰와 후기를 곳곳에 설치하는 체험단 마케팅입니다. 아시다시피 대부분 사람은 퍼스트 펭귄이 되는 걸 싫어합니다. 아시는 분들도 계시겠지만 여기서의 퍼스트 펭귄은 불확실한 상황에서 위험을 무릅쓰고 처음으로 도전하는 사람을 펭귄의 생태에 비유한 것입니다. 펭귄은 무리 지어서 생활하며 바다에 잠수해 물고기를 사냥하는데, 이때 천적인 물개나 상어의 위험이 있지요. 그런 위험이 있는데도 먼저 물에 뛰어드는 용감한 펭귄을 의미합니다.

광고에서도 마찬가지입니다. 광고를 통해 특정 상품이나 브랜드를 알게 되자마자 바로 구매하는 사람은 매우 드물죠. 네이버, 인스타그램, 유튜브 등에 브랜드명, 상호, 상품명 키워드를 검색해서 해당 상품을 먼저 구매한 사람의 후기부터 살펴보고 구매 결정을 하는 경우가 많습니다.

악플보다 무플이 무섭다는 말이 있죠? 네이버, 인스타그램, 유튜브에 검색했는데 아무 정보도 없으면 심리적으로 구매를 주저하게 됩니다. 마치 점심시간에 손님이 아무도 없는 식당은 들어가기 망설여지는 것처럼요. 그래서 사람들이 가장 많이 방문하는 네이버 블로그, 인스타그램, 유튜브에는 여러분의 상품에 관한 고객의 진솔한 리뷰, 후기 콘텐츠가 있으면 좋습니다. 만약 내가 오프라인 매장 사업을 한다면 네이버 지도, 다음 지도, 구글 지도에도 리뷰가 있으면 좋습니다. 앱 사업을 한다면 앱스토어 후기도 필요합니다.

이 후기를 만들기 위해 체험단 마케팅을 해야 하는데요. 체험단 마케팅을 시작하는 타이밍은 린 프레임워크를 완성하고 주변 지인들을 통해 1차 검증을 마친 후, 2차 검증을 위해 광고를 하기 전이 가장 적합합니다. 맨 처음 후기는 지인 찬스를 활용합니다. 1차 검증과 지인 체험단을 동시에 하는 셈이죠. 제품을 보내주거나, 서비스를 경험하게 한 다음 왜 좋았는지, 어떤 것이 안 좋았는지 의견을 받으면서 블로그, 인스타그램, 유튜브, 지도, 쇼핑몰 리뷰 등을 작성해달라고 합니다. 요즘은 꽤 많은 사람이 블로그, 인스타그램, 유튜브를 운영하기에 친한 지인이라면 올려줄 것입니다.

지인 찬스를 통해 첫 후기를 확보하는 김에 미흡한 부분을 보완했다면 후기의 양을 늘려야 할 차례입니다. 이때부터 지인 체험단이 아니라 제3자가 콘텐츠를 작성해 주는 체험단 마케팅을 하면 되는데요. 알기 쉽게 말해서 '앞 광고'라고 보면 됩니다. 블로그, 인스타그램, 유튜브를 보면 특정 업체로부터 협찬을 받았다는 공정위 문구를 자주 볼 수 있죠? 체험단 마케팅은 제품이나 소정의 금액을 드리고 체험 후기를 올려달라고 부탁하는 것입니다.

그러면 '체험단 마케팅을 해봐야 사람들은 어차피 광고인 거 뻔하니까 안 믿지 않느냐?'라고 할 수 있겠지만, 그래도 무플(후기가 전혀 달리지 않은 상태)보다는 낫습니다. 체험단 가이드를 줄 때 체험하고 느낀 점을 진솔하게 써달라고 부탁하면 대부분 요청을 반영한 콘텐츠를 올립니다. 누가 봐도 칭찬 일색의 광고가 아니라, '이런 점은 좋았는데, 이런 점은 아쉬웠다.' '어떤 사람에게는 추천하는데 이런 사람에게는 추천하지 않는다'는 공정한 리뷰를 올려준다는 말이죠. 이런 종류의 공정함과 진실성이 느껴지는 콘텐츠라면 소비자들은 체험단 후기라도 신뢰하는 편입니다.

체험단은 10만 원으로 마케팅할 수 있을까요? 물론 가능합니다. 네이버, 인스타그램, 유튜브를 기준으로 방문자, 팔로워, 구독자가 많은 메가 인플루언서는 부르는 게 값일 정도로 협찬 비용이 만만치 않습니다. 상품 협찬은 기본으로 원고비까지 따로 드려야 하는데요. 반면 팔로워가 적은 마이크로 인플루언서는 상품만 협찬하거나, 상품 협찬에 원고료 몇만 원만 더 드리면 기꺼이 체험단을 해주십니다.

마케팅 대행사 중에서도 체험단 마케팅만 전문으로 해주는 대행사가 있습니다. 유명한 회사로는 레뷰(https://biz.revu.net/), 리뷰 플레이스(www.reviewplace.co.kr)가 있는데요. 체험단 전문 대행사는 플랫폼에 보유한 인플루언서 수가 어마어마합니다. 20명을 진행하고 싶다고 담당자에게 말하면 제시한 조건 내에서 가장 결이 맞고, 평판이 좋으며, 콘텐츠 노출이 잘 되는 인플루언서로 20명을 모집해 줍니다. 정해진 기간 내 후기가 올라오기까지 원활한 진행을 도와주며, 상품만 받고 리뷰를 안 올리는 소위 '먹튀' 행위에 대한 사후관리까지 해줍니다. 단점은 1명당 수수료를 받는데 결코 저렴하지 않습니다.

소액으로 체험단 마케팅을 하기 위해서는 결국 손품을 파는 수밖에 없습니다. 블로그, 인스타그램, 유튜브 모두 내 사업과 연관된 대표 키워드를 검색해 인플루언서를 찾아 쪽지를 보내고, 비밀댓글을 달고, DM을 보내며, 이메일을 보내서 협찬 제안을 하는 수밖에 없습니다. 이때 파트 1에서 배운 신파 마케팅을 적극 활용해 보세요.

최대한 안쓰럽다는 마음이 들게 쪽지, 메시지, 이메일을 보내야 하는데요. 처음부터 비용을 드리겠다는 제안은 하지 말고, '이제 막 창업해서 자금이 충분하지 않아서 정말 죄송하게도 비용은 못 드리지만, 상품은 정말 자신 있으니 협찬해 드리는 대신 장·단점 전부 솔직하게 말씀해 주셔도 된다. 내 상품 한 번만 써주실 수 없느냐'라는 내용으로 제안해 봅니다.

팔로워가 많은 메가 인플루언서는 당연히 이런 제안을 무시합니다. 유튜브는 구독자가 1만 명보다 밑인 마이크로 인플루언서 중에는 신파 마케팅에 공감해 주고 영상을 여러 편 제작해 주는 감사한 크리에이터

분도 많이 있었습니다. 기준선을 1만으로 잡은 이유는 경험상 1만 명이 넘어가기 시작하면 그때부터 본격적으로 협찬받아 수익활동을 하는 전문 유튜버가 되는 경우가 많았기 때문입니다. 순수한 마음으로 스타트업이나 소상공인을 도와주는 분은 1만 명 이하의 구독자를 보유한 마이크로 인플루언서 분들이 많았습니다.

인스타그램은 유튜브하고는 다르게 팔로워 1,000~5,000명 사이인 사람들에게 DM으로 제안하는 걸 추천합니다. 역시나 경험상 5,000명 이상부터는 본격적으로 인플루언서 수익 활동을 시작하셔서 때 묻지 않은 마음으로 스타트업이나 소상공인에게 호의적으로 응해주는 인플루언서 분이 거의 안 계셨습니다.

블로그는 원래 방문자가 몇 천 명 밑인 사람들을 찾아서 쪽지를 보내야 했는데요. 최근 '네이버 브랜드 커넥트(brandconnect.naver.com)'라는 서비스가 새로 생겼습니다. 네이버에서 직접 만든 체험단 플랫폼인데, 카테고리를 정하고 소개 글을 적어서 올리면 네이버 인플루언서 분들이 지원합니다. 상품만으로도 인플루언서 체험단을 모집할 수 있고, 지원율이 낮으면 원고료 1~2만 원을 추가해서 지원자를 높일 수도 있으니 잘 활용해 보시길 바랍니다.

마지막으로 체험단 마케팅 관련 주의사항 몇 가지를 말씀드리겠습니다. 체험단 마케팅은 한 번 하고 끝이 아니라, 주기적으로 꾸준히 하는 것이 효과적입니다. 소비자가 내 상품, 브랜드에 관해 검색했는데 마지막 리뷰가 6개월 전이라면 혹시 지금은 폐업한 건 아닌지 의구심을 가질 수 있습니다. 최신 리뷰가 있어야 안심하는 것이죠.

그래서 체험단 마케팅은 한 번에 많은 인원을 모집해서 짧은 기간에 후기를 대량으로 만들고 끝내지 말고, 소수 인원을 주기적으로 꾸준히 해주세요. 예를 들어 2달마다 10명씩 체험단 마케팅을 하는 식으로 말입니다. 체험단을 진행했으면 그들이 리뷰를 발행했어도 동의를 구하고 연락드려서 개선점을 물어보는 것도 좋습니다. 리뷰에는 미처 적지 못한 귀중한 피드백을 얻을 기회가 됩니다.

계속 체험단을 하다 보면 글, 사진, 영상을 전문가 수준으로 잘 만들어주는 분이 계십니다. 이런 분들에게는 칭찬과 감사를 아끼지 말아주세요. 그리고 따로 리스트를 만들어둬서 시간이 지난 다음 후속 콘텐츠를 요청하거나, 상품이 업데이트되면 새로 협찬해 드리고 체험단을 한 번 더 부탁합니다. 만약 내가 식당을 한다면 '센스 있는 리뷰어 명단'을 많이 모아뒀다가 신 메뉴가 나올 때마다 부탁드리는 것이 특히 중요합니다.

16

텍스트 마케팅 1.
꾸준히 사업과 관계된 키워드로
발행하면 효과적인 네이버 블로그

아시다시피 광고, 마케팅하기 위해서는 텍스트, 이미지, 동영상 셋 중
하나를 만들어야 합니다. 가장 먼저 텍스트 차례인데요. 텍스트 하면
가장 먼저 떠오르는 채널이 '네이버 블로그'입니다. 여러분도 평소 제
품이나 서비스를 구매하기 전에 블로그 리뷰, 후기를 체크하고 구매하
는 일이 많을 것입니다.

　그때 우리는 어떤 행동을 하나요? 역추적 트레이닝을 하면 금방 답
이 나오는데요. 맞습니다. 'ㅇㅇㅇ 후기' 같은 키워드로 검색하죠. 여러
분이 블로그 마케팅을 할 때는 이를 반대로 하면 됩니다. 내 사업과 관
련된 키워드를 찾아놓고 해당 키워드를 이용해 블로그 포스팅을 해서
사람들이 그 키워드를 검색했을 때 내 블로그 글이 보이게 만들면 된

다는 것이죠.

이를 위해서는 내 사업과 관계된 키워드가 어떤 것이 있는지, 해당 키워드를 사람들이 얼마나 많이 검색하는지를 알아야 합니다. 대표적으로 블랙 키워blackkiwi.net 같은 사이트가 있지만, 뒤에서 알아볼 네이버 파워링크 광고까지 고려하면 네이버 검색광고를 통해 키워드 찾는 연습을 해두시면 큰 도움이 됩니다.

네이버 검색광고

네이버 검색창에 '네이버 검색광고'라는 키워드로 검색하면 네이버 검색광고 사이트로 접속할 수 있습니다. 네이버의 광고 상품을 이용할 수 있는 곳인데요. 먼저 네이버 아이디로 로그인 혹은 신규 가입을 클릭해서 광고주로 회원가입부터 해주세요.

키워드 조회하기

　회원가입 후 네이버 광고에 접속하고 상단 메뉴 중 광고 플랫폼⇒도구⇒키워드 도구 순으로 클릭하면 이미지와 같은 화면이 나옵니다. 키워드를 입력할 수 있는 네모 박스가 있는데요, 우리가 스마트폰 케이스를 판다고 가정해 봅시다. 박스에 스마트폰 케이스 키워드를 넣고 조회하기를 눌러주세요.

　그러면 스마트폰 케이스뿐만 아니라 이와 연관이 있는 다른 키워드까지 월간 검색 수와 월 평균 클릭 수를 알 수 있습니다. 스마트폰 케이스 키워드의 월간 검색 수를 보면 PC 660, 모바일 1,890으로 표시되어 있습니다. 이 둘을 합치면 2,550번이 되는데요, 한 달에 2,550명이 검색한다는 뜻이 아니라, 2,550번 검색된다는 뜻입니다. 이를 31로 나누면 하루에 약 82번 검색되는 키워드라 볼 수 있습니다.

전체추가	연관키워드 ⑦	월간검색수 ⑦		월평균클릭수 ⑦	
		PC ⬍	모바일 ⬍	PC ⬍	모바일 ⬍
추가	스마트폰케이스	660	1,890	15.1	56.3
추가	밴드폰케이스	11,900	89,000	372.5	3,271.5
추가	밴드폰케이스제작	2,180	10,600	67.7	457.1
추가	매출악세사리	170	630	1.6	6
추가	폰케이스제작	1,410	4,900	61.5	340.3
추가	효대폰케이스제작	570	1,220	22.7	72.2
추가	폰케이스주문제작	370	1,350	8.4	69.3
추가	아이폰케이스	12,000	91,200	352.6	3,042.7
추가	남자폰케이스	40	420	0.6	11.3
추가	아이폰15케이스	3,560	27,000	44.1	762
추가	폰케이스쇼핑몰	860	6,730	27.3	582.2
추가	커플폰케이스	630	5,550	21	291
추가	예쁜케이스	20	310	0.6	11.9
추가	아이폰케이스쇼핑몰	420	2,410	29.2	337.9

스마트폰 연관키워드

키워드가 스마트폰 케이스만 있는 것도 아니죠? 면적 문제 상 사진은 아이폰 케이스 쇼핑몰 키워드에서 잘렸지만, 연관 키워드가 총 682개 있기에 아래로는 더 많은 키워드를 볼 수 있습니다. 개중에는 스마트폰 케이스와 의미가 비슷하면서도 검색 량이 더 많은 키워드도 있고 검색 량이 더 적은 키워드도 있습니다. 이런 여러 가지 키워드에 내 블로그 포스팅이 상위 노출된다면 많은 사람이 글을 보고 제품을 구매할 수 있겠지요.

숙달된다면 글 한 편 작성하는 데 한두 시간밖에 걸리지 않습니다. 들어가는 건 오로지 내 시간과 노동력 뿐, 광고비는 일절 들어가지 않습니다. 시간으로 돈을 사는 0원 마케팅이 가능한 것이죠. 물론 쉬지 않고 꾸준히 블로그에 글을 써야 하므로 글쓰기 자체가 고역인 분들에게는 괴로운 마케팅 채널이 될 것입니다. 그런 분들은 무리하지 말고 제가 추천하는 다른 마케팅 채널에 도전하면 됩니다.

블로그 마케팅을 하면서 주의할 점은 내 사업과 아무 상관 없는 콘텐츠가 아니라, 내 사업과 관계된 콘텐츠를 꾸준히 올리는 것입니다. 당연한 말 아니냐고 할 수 있지만, 이러한 당부를 드리는 이유가 있습니다. 많은 대표님이 처음에는 의욕적으로 내가 판매하는 상품과 관련된 키워드로 포스팅을 발행합니다. 얼마 지나지 않아 같은 주제로만 계속 글을 쓰니 지루해져서 맛집 이야기, 여행 다녀온 이야기, 영화 본 이야기를 올려봅니다.

이렇듯 평소와 다른 주제로 글을 썼더니 내 본업에 관한 글보다 방문자가 더 많이 들어오면 이 수치를 떨어뜨리기 싫어서 어느새 맛집, 여행, 드라마, 영화 포스팅만 올리는 자신을 발견할 수 있습니다. 분명 처음에는 사업의 매출을 위해 블로그를 시작했는데 네이버 인플루언서가 되기로 목적이 바뀐 것이죠. 아시다시피 아무리 일일 방문자가 많아져도 맛집, 여행, 드라마, 여행 관련 키워드를 검색해서 들어온 분들은 내 사업에 관심이 1도 없습니다. 상품 구매나 문의로 이어지지 않는다는 말입니다.

그러므로 일일 방문자에 집착하지 마세요. 그냥 꾸준히 내 사업과 관계된 키워드로 계속 글을 발행하면 됩니다. 같은 주제로만 글을 쓰는 것이 지루하다면 1주일에 1~2번 정도는 맛집, 여행, 드라마, 영화 같은 글을 써도 됩니다. 이때도 만약 내가 파는 상품과 연관 지을 수 있는 접점이 있으면 내가 과거 적은 글과 링크를 하거나, 애드포스트를 흉내 내서 이미지 배너를 넣거나, 내 사업 관련해서 짤막하게 소개하는 노력을 합니다.

블로그를 할 때 가장 힘든 것은 꾸준히 글을 써야 하는 겁니다. 저는 콘텐츠 거리를 미리 뽑아놓고 날마다 하나씩 쓰는 편인데요. 먼저 앞에서 보여드린 네이버 검색 광고를 통해 내 사업 아이템과 관련된 키워드를 전부 뽑아놓습니다. 그 키워드를 네이버, 인스타그램, 유튜브에 검색해서 다른 사람들이 어떤 콘텐츠를 올렸는지 봅니다. 그 콘텐츠에 나오는 제목을 질문으로 만들어봅니다. 이 질문에 대해 내 답변을 간략하게 작성합니다.

이 작업을 끝까지 하면 QnA 리스트가 많이 만들어집니다. 그럼 하루에 하나씩 글을 써나가는데요. 글 한 편에는 최소 1개 이상의 키워드가 들어가야 합니다. 우리는 키워드 상위 노출을 위해 글을 쓰는 거니까요. 이때 검색량이 낮은 세부 키워드부터 글을 발행해야 합니다. 세부 키워드를 선정한 뒤 여기에 매칭되는 QnA 리스트 중 하나를 글로 쓴다고 여기면 됩니다.

키워드에는 대표 키워드와 세부 키워드가 있습니다. 예를 들어 아이폰 15처럼 최신 아이폰을 대표하는 키워드는 검색량이 어마어마합니다. 이 대표 키워드 앞뒤에 다른 단어가 붙은 걸 '세부 키워드'라고 하는데요. 예를 들어 '아이폰 15 저렴한 곳'은 세부 키워드가 됩니다. 세부 키워드는 대표 키워드에 비해 검색량이 낮은 대신 구매 니즈가 더 높다는 특징이 있습니다. 처음에는 검색량 100 밑인 키워드로 글을 쓰기 시작하세요. 처음부터 검색량 높은 키워드로 글을 써봐야 경쟁 블로그에 밀려 상위 노출이 되지 않습니다. 100 단위 키워드에 수월하게 상위 노출이 되면 200, 300, 400…. 점차 범위를 넓혀나가면서 글을 올리면 됩니다.

이렇게 차근차근 블로그를 키워나가는 건 단시간에 큰 효과를 보기는 어렵습니다. 소비자의 구매 니즈가 높으면서 검색량이 높은 키워드에 한 방에 상위 노출할 수 있는 방법은 없을까요? 마케팅 대행사를 활용하면 가능합니다. 오픈 채팅방, 크몽, 아이보스 같은 사이트에서 블로그 상위 노출 전문 대행사와 접촉할 수 있는데요. 특히 크몽은 가격이 다 공개되어 있기에 여러 업체의 가격표를 보면 블로그 상위 노출 비용이 얼마인지 대략적인 시세를 알 수 있습니다.

여기서 광고비를 절감하는 팁은 바로 '욕심을 부리지 않는 것'입니다. 검색량이 몇 만이 넘어가는 대표 키워드는 대행사도 상위 노출이 힘듭니다. 어떻게 상위 노출에 성공해도 새로운 글이 계속 올라오니까 금방 순위에서 떨어지고요. 이런 키워드는 보통 월 보장 형태로 계약하는데요. 순위에서 밀릴 때마다 새로운 블로그 포스팅을 써서 순위에 올려주는 대신 1달 단위로 광고비를 입금하는 방식입니다. 가격은 키워드에 따라 다르지만, 검색량이 많은 키워드는 최소 수십만 원에서 높게는 월 몇 백만 원까지 내야 합니다. 10만 원 마케팅은 절대로 불가능하죠. 따라서 저는 검색량이 적당한 세부 키워드로 건 바이 건 광고를 추천합니다. 한 번 상위 노출을 해주는 대신 돈을 1번만 내면 되는데요. 경쟁이 치열하지 않은 세부 키워드는 한 번 글을 올려놓으면 오랫동안 상위를 유지하기 때문에 굳이 월 보장 계약을 할 필요가 없습니다. 게다가 사진과 원고를 직접 작성할 때, 비용을 더 아낄 수 있습니다. 이 역시 업종과 키워드에 따라 구체적인 가격은 다르지만, 15~20만 원 선에서 상위 노출을 맡길 수 있습니다. 만약 견적이 너무 비싸면 검색량이 조금 더 낮은 키워드로 다시 문의하면 됩니다.

한 가지 실제 사례를 말씀드리겠습니다. 저의 지인 중 마케팅 회사에서 일하는 마케터가 한 분 계십니다. 그분이 사는 동네에 아는 꽃집 사장님이 계시는데요. 꽃집은 5월이 성수기라고 합니다. 어린이날, 어버이날 등 가족 행사가 몰려있어서 이 시기에 꽃 선물이 잘나가는 것이지요. 그래서 4월 중순 즈음 꽃집 사장님의 마케팅을 도와드리려고 가게에 방문해 사진을 촬영하고 직접 블로그 포스팅 원고를 작성해서 상위 노출 대행을 맡겼습니다. 원고에는 '꽃집 사장님이 전문 플로리스트다, 정말 친절하셔서 상담을 잘 해준다, 매일 새벽 생화를 사서 오시기에 꽃이 시들시들하지 않고 생생하다'는 내용을 잘 풀어냈다고 합니다.

이 원고는 대행사를 통해 '○○역 꽃집' 키워드로 상위 노출이 되었고, 이 글을 본 사람들이 문의가 밀려들어서 꽃집 예약이 6월 말까지 꽉 찼다고 합니다. 키워드로 잡은 ○○역 꽃집의 월 검색량은 PC 120번, 모바일 1,100번으로 한 달 총 검색량은 1,220밖에 되지 않았습니다. 대행사에 낸 광고 비용은 17만 원이었으며, 검색량이 적은 세부 키워드라서 한 번 광고를 발행한 후 몇 달 넘게 1위 자리를 지키면서 효자 노릇을 했다고 합니다. 어떤가요? 내 사업 아이템도 꼭 이렇다는 보장은 없지만, 17만 원 마케팅에 도전할 가치는 충분하지 않을까요?

만약 대행을 통해 성과가 좋은 키워드를 찾아냈다 하더라도 블로그 육성은 반드시 하시길 바랍니다. 대행사를 통해 광고 성과를 내는 동안, 내가 꾸준히 글을 써서 블로그를 관리해놓으면 나중에는 그 17만 원조차 대행사에 줄 필요가 없어지니까요. 대행사를 통해서만 상위 노출을 하면 매출이 오르고, 손님이 많이 오더라도 어떤 키워드를 통해 오는지, 사진을 보고 오는지, 글 내용을 보고 오는지 분석이 안 됩니다. 어떤 채널이 되었던 처음에는 인플루언서 협찬, 체험단, 상위 노출 대행 등으로 남의 채널을 쓸 수 있지만, 장기적으로는 자기 채널을 만들어서 관리해야 합니다.

17

텍스트 마케팅 2.
구글에 주로 노출이 되는
다음 브런치

네이버 블로그 다음으로 유명한 블로그가 바로 다음 브런치입니다. 같은 블로그지만 네이버 블로그와 다음 브런치는 많은 부분이 다른 데요. 먼저 다음 브런치는 진입장벽이 있습니다. 네이버 블로그는 네이버 계정만 만들면 블로그는 자동 생성이 되지요? 그와 달리 다음 브런치는 작가로 통과되어야만 블로그를 시작할 수 있습니다.

　브런치 작가 통과가 예전에는 쉬웠는데, 지금은 검수 과정이 까다로워져서 옛날만큼 브런치 작가가 되기 어려워졌습니다. 작가 통과하는 방법에 대해서는 네이버 블로그, 유튜브에 '브런치 작가 통과하는 법' 등의 키워드로 검색해서 최신 정보를 참고하시기 바랍니다. 제가 방법을 알려드릴 수도 있지만, 혹여나 몇 년 후 책을 구매하시는 분에게는 잘못된 정보가 전달될 수 있으니까요.

주된 마케팅 효과는 역시나 키워드 검색 노출입니다. 네이버 블로그는 네이버 검색에 노출되었다면, 브런치로 쓴 글은 구글에 주로 노출됩니다. 한때는 네이버의 검색 점유율이 80퍼센트였습니다. 이때는 대한민국 사람 10명 중 8명은 네이버만 검색하니 구글 상위 노출이 큰 의미가 없었는데요. 요즘은 구글 검색 점유율이 거의 40~50퍼센트까지 치고 올라와서 10명 중 4~5명은 구글 검색도 하기에 브런치에 작성된 글이 구글에 노출되면 제법 괜찮은 마케팅 효과가 있습니다.

또 하나, 보너스가 있는데요. 내가 글을 잘 쓰면 가끔 카카오, 다음 메인에 걸려서 조회 수가 확 높아지는 때가 있습니다. 왜 메인이 되는지는 구체적인 이유까지는 알 수 없습니다. 재미있는 주제가 있으면 카카오톡 안에서 노출을 해주거나, 다음 앱 내에서 노출을 해주기도 합니다.

제가 10만 원 마케팅이 만들어지게 된 비하인드 스토리를 소개할 때 헬스장 컨설팅 사업을 시작한 한 사장님의 이야기를 해드렸죠? 이분이 하루에 헬스장 3곳을 방문하면서 깨달은 법칙을 '잘 되는 헬스장의 비밀'이라는 콘텐츠로 다음 브런치에 글을 쓰셨습니다. 이 글이 다음 메인 화면에 노출되어서 일주일 동안 9,902명 정도의 사람이 글을 봤던

적이 있습니다.

브런치의 장점은 '자유롭다'는 것입니다. 네이버는 상위 노출을 하기 위해서 제목, 본문, 태그에 키워드를 어떻게 넣을 것인지 고민해가며 글을 써야 합니다. 하지만 브런치는 그런 조건 없이 내가 생각하는 바를 자유롭게 서술하면 됩니다. 키워드 넣는 법칙도 없고, 글자 수를 얼마 이상 맞춰야 한다는 제한도 없고, 이미지 제한도 없고, 반년 정도 포스팅을 멈췄다 다시 돌아와도 아무런 제재가 없습니다.

두 번째는 전문성입니다. 네이버 블로그는 광고 글이 태반이라는 대중의 인식이 뿌리박혀 있습니다. 아무리 좋은 글을 써도 '이거 혹시 광고 아냐?'라는 의심이 깔려있죠. 반면 다음 브런치는 작가 통과라는 진입장벽이 있어서 그런지 브런치의 글은 잘 쓴 글이고, 작가도 네이버 블로그보다는 전문성이 있다는 인식이 밑바탕에 깔려있습니다. 따라서 네이버 블로그보다 더 신뢰도가 높은 플랫폼이라 할 수 있겠습니다.

이러한 이유로 민약 브런치 작가에 통과하였다면 광고 랜딩 페이지로 브런치를 써보시는 것을 추천합니다. 저는 요즘 랜딩 페이지로 노션을 주로 쓰고 있는데, 브런치 작가 통과가 어려워져서 브런치를 랜딩 페이지로 쓰기 힘들기 때문입니다. 브런치와 노션 둘 다 쓸 수 있는 상황이라면 저는 무조건 대중으로부터 신뢰도가 높은 브런치를 랜딩 페이지로 사용할 것입니다.

마지막으로 브런치는 도서 출판의 기회가 열려있습니다. 작가 지원 프로젝트가 있어서 브런치 내에서 사람들의 반응이 좋은 책은 종이책으로 출판되는 경우가 많습니다. 브런치 자체가 실제 작가를 육성하기 위한 플랫폼인 것 같습니다. 만약 향후 책을 출간하고 싶다면 브런치에서 글쓰기를 시작해 보세요.

개인적으로 글쓰기를 좋아한다면 제일 먼저 네이버 블로그를 시작하고, 그다음 브런치 작가 통과를 노린 후 네이버 블로그에 올린 글을 조금 각색해서 브런치에 똑같이 올리시는 걸 추천합니다. 이때 네이버 블로그를 먼저 하는 이유는 네이버는 블로그에 올린 문서가 네이버에서 작성된 독창적인 문서인가, 아니면 다른 곳에서 먼저 작성한 걸 가져온 유사 문서인가를 따져서 독창적인 문서가 아니면 페널티를 주기 때문입니다. 반면 브런치는 네이버 블로그와 같은 깐깐함이 없어서 네이버 블로그에 쓴 글을 조금만 수정해서 올려도 페널티가 없다는 차이점이 있습니다.

18

텍스트 마케팅 3.

오프라인 매장 사업을 한다면 활용도가 높은 네이버 카페

이번에는 네이버 카페입니다. 내가 만약 사용하는 소비자 그룹이 고정적인 상품을 판다면 카페 마케팅이 빛을 발휘합니다. 예를 들어 차량용품은 자동차를 가진 사람만 구매하죠? 마침 자동차 카페는 네이버 카페에서 가장 규모가 큰 커뮤니티 중 하나입니다. 주부들을 위한 제품이나 서비스도 그렇습니다. 맘 카페에는 내 타깃 고객이 밀도 높게 모여 있기에 카페 안 회원 모두가 내 잠재 고객이 됩니다.

만약 오프라인 매장 사업을 한다면 동네 카페, 아파트 단지 카페, 지역 맘 카페를 찾아서 가입하고 활동하시길 추천합니다. 차량용품이나 당뇨 관련 제품 등 타깃이 명확한 경우도 내 고객이 모여 있는 자동차 관련 카페나 당뇨관련 카페를 찾아 카페 마케팅을 시작할 수 있습니다. 그렇다면 온라인 카페에는 무슨 글을 써야 할까요? 일단 카페 마케팅에는 크게 3가지 방법이 있습니다.

① 카페 체험단, 공동구매
② 제휴 배너
③ 카페 침투

1, 2번은 카페 매니저나 스태프에게 제휴 메일을 보내서 비용을 지불하고 카페 사람을 대상으로 체험단을 하거나, 혹은 대문 배너에 입점해서 배너를 클릭하면 내 상품 홍보 글을 보여줄 수 있는 마케팅 방식입니다. 체험단은 내 타깃 고객이 모인 카페에서 '~를 써보니 정말 좋았어요!' 하는 후기가 올라오니 그걸 본 다른 회원들이 관심을 가지고 내 상품을 검색해서 구매합니다. 제휴 배너는 PC로 카페를 하는 사람들이 호기심에 클릭해서 내 상품 글을 읽고 구매로 연결되고요.

이때 협찬하는 카페를 잘 정해야 하는데요. 카페에 시간마다 약 몇 개의 글이 올라오고, 게시글마다 조회 수가 몇 나오며, 댓글이 몇 개 달리는지 보면서 정말로 사람들이 많이 교류하는 활성화된 카페인지를 보셔야 합니다. 카페 회원 수가 많고 활성화된 카페일수록 10만 원 마케팅하기가 힘듭니다.

체험단, 공동구매, 제휴 배너 광고를 하려면 내 사업 아이템 관련해서 가장 큰 카페가 아니라 이제 막 성장 중인 카페에서 진행하는 것이 좋습니다. 성장이 끝난 카페와 달리 저렴한 비용으로 광고를 받아주니까요. 이때도 처음부터 광고 제안을 하는 것보다는 먼저 카페에 영업 목적이 없는 글을 자주 올려서 운영진과 친해진 다음 신파 마케팅으로 제안하면 더 할인받을 확률이 높아집니다.

다양한 사례 중 하나를 소개하겠습니다. 예전에 어린이 왜건을 파는 한 업체가 수원의 한 맘 카페를 통해 크게 성장했습니다. 지금과 달리 당시 수원 맘 카페는 회원 수가 3자리로 규모가 작았기에 운영진은 매일 새로운 콘텐츠를 올리는 어린이 왜건 회사 사장님이 고마웠다고 합니다. 그래서 좋은 관계가 형성되었을 때 어린이 왜건을 알려도 되겠냐는 이야기가 나와 카페에서도 대대적으로 홍보해 주자 자리를 잘 잡은 회사로 성장했다는 이야기를 들었습니다.

이렇게 광고는 나중에 하더라도 먼저 글을 올려서 커뮤니티 회원들과 관계를 구축하고, 그 이후 영업하는 것을 일명 '카페 침투 마케팅'이라 합니다. 근데 제가 말하는 카페 침투 마케팅은 광고 대행사에서 말하는 카페 침투 마케팅하는 결이 다릅니다.

대행사에서 말하는 카페 침투는 커뮤니티에 쫓겨날 각오를 하고 대놓고 광고 글을 올리거나, 살짝 비틀어서 QnA 글을 작성하고 답변으로 슬며시 업체 홍보를 하는 형태인데요. 제가 말하는 카페 침투는 말 그대로 진실한 카페 회원이 되어서 활동하는 것을 말합니다. 여러분이 인터넷 커뮤니티에 가입해 오늘 하루 있었던 일도 올리고, 고민도 올리며, 팁도 올리는 것처럼 하라는 이야기죠.

계속 카페 활동을 하면서 내 일상을 노출하면 사람들이 상품 관련해서도 문의하곤 합니다. 그때 쪽지로 정보를 주면서 무료 샘플처럼 가볍게 신청할 수 있는 것부터 해보라고 퍼널을 안내하면 됩니다. 또 카페는 오프라인 정기 모임을 자주 하니까 모임에도 얼굴을 보이면서 친분을 쌓은 분들에게 가볍게 신청할 수 있는 퍼널을 안내해도 되고요. 너무 자주 해서는 안 되지만, 간혹 한 번씩 신파 마케팅도 시도해 보세요. 한 아내가 이런 글을 남겼습니다.

'남편이 식당 운영이 잘 안되서 힘들어하고 있어요. 음식이 맛없는 것 같지는 않은데요. 혹시 모르니 저희가 운영하는 식당에 와서 음식 한 번 드셔보시고 솔직하게 맛을 평가해 주실 수 있을까요?'

이렇게 카페에 글을 쓰자 많은 분이 오셨고 단골을 만들 수 있었다고 한차례 말씀드렸죠? 이와 비슷하게 운영진의 분노를 사지 않는 선에서 간접적으로 0원 마케팅에 도전해 보시길 바랍니다. 블로그는 나 혼자 글을 발행하지만, 카페는 다 같이 모여 있는 공간에 글을 쓰기에 평소 사람들과 이야기하는 걸 좋아하고, 온라인 커뮤니티 활동을 자주 하는 분들이라면 카페 마케팅을 재미있게 하실 수 있을 것입니다. 그러므로 자기의 취향과 적성을 고려해서 마케팅 채널을 선택하시길 바랍니다.

19

텍스트 마케팅 4.
정밀한 지역 타깃팅이 가능한 당근마켓

네이버 카페와 유사한 다른 커뮤니티로는 네이버 밴드, 카카오톡 오픈 채팅방 등이 있습니다. 만약 카페 마케팅이 적성에 맞으면 밴드나 오픈 채팅방 중에서도 내가 커뮤니티 활동을 할 수 있는 곳이 없나 찾아보세요. 또 하나 추천하는 것이 바로 '당근마켓(www.daangn.com)'입니다. 다들 스마트폰에 당근마켓 앱은 깔려있으시죠?

아시다시피 당근마켓은 동네에서 중고 거래하는 앱으로 처음 시작했는데요. 지금은 지역 커뮤니티 플랫폼화 되어가고 있습니다. 앱에 들어가면 중고 거래 외에도 우리 동네 소상공인들의 서비스 소개를 보거나, 여러 소모임에 참석하거나, 동네 자영업 사장님이 아르바이트를 구하는 등 거의 지역 커뮤니티 카페를 앱으로 옮겨놓은 듯한 인상을 받을 수 있습니다. 만약 내가 오프라인 매장 사업을 하고 있다면 인근 아파트 단지 카페, 지역 맘 카페와 더불어서 당근마켓을 무조건 하라고 권하고 싶습니다. 틈새 시간을 활용해서 카페에 글 올리듯이 당근마켓에도 글을 올리면서 지역 주민들과 친해지면 됩니다.

이제는 당근마켓도 광고비를 써서 유료 광고를 할 수 있습니다. 초보자도 앱이 안내하는 대로 따라 하면 몇 분이면 광고할 수 있을 정도로 인터페이스가 쉽고, 월 광고비 10만 원으로도 충분한 효율을 낼 수 있답니다. 유튜브로 당근마켓 앱 광고를 검색하여서 배워가며 꼭 해보시기를 바랍니다.

현재 당근에서 광고하려는 광고주가 많이 늘어나는 추세인데요. 그럴수록 입찰 경쟁이 붙어서 광고비가 비싸져야 하는데, 소액으로도 광고가 가능한 걸 보면 최대한 많은 사람이 이용할 수 있게 하려고 일부러 저렴하게 개방한 느낌이 듭니다. 플랫폼이 조금 더 안정화가 되면 그때 광고비를 더 올릴 것 같습니다.

당근마켓 광고는 크게 '피드 광고와 검색 광고'로 나뉩니다. 피드 광고는 동네 홈 피드에 광고 표기가 붙은 게시 글이 노출되고요. 검색 광고는 네이버 파워링크 광고나 구글 키워드 광고처럼 당근마켓 앱에 특정 키워드를 검색했을 때 최상단에 노출되는 광고 게시 글입니다. 둘

다 네이버 블로그 검색 결과처럼 섬네일 사진과 제목이 노출되며, 광고를 클릭하면 사전에 작성해 둔 홍보 글을 보여줄 수 있는 구조입니다.

즉, 평소 네이버 블로그, 다음 브런치, 네이버 카페 글을 자주 작성해 보셨으면 당근마켓도 빠르게 적응할 수 있습니다. 사진과 텍스트로 홍보 글과 광고 소재를 만들면 되니까요. 만약 오프라인 매장 사업을 한다면 피드 광고를 집행하고, 온라인 배송이나 서비스업을 한다면 키워드 광고를 통해 당근마켓 광고를 해보시기 바랍니다.

다른 광고와 당근마켓 광고가 차별화 포인트는 당근마켓의 앱 특성상 '지역 타깃팅을 정밀하게 할 수 있다'는 것입니다. 맨 처음 앱에 회원 가입할 때 내가 사는 동네를 선택하죠? 아시다시피 동네마다 사는 사람의 특징이 다 다릅니다. '내 상품은 이런 동네에 사는 사람이 많이 구매하지 않을까?' 하는 가설을 세워서 A/B 테스트를 해볼 수 있겠죠. 예를 들어 내 상품이 정말 부자들만 구매할 것 같으면 한남동, 성북동, 압구정동, 삼성동, 반포동, 서초동 등 대표적인 부자 동네를 타깃으로 광고를 해볼 수 있습니다.

마지막으로 당근마켓 이야기가 나온 김에 정말 중요한 사실 한 가지를 말씀드리겠습니다. 새로 나온 플랫폼이 있거나, 기존 플랫폼에 새 기능이 추가되면 발 빠르게 사용해 보시는 것이 좋습니다. 모든 광고 플랫폼의 공통점은 초기에 많은 광고주를 모집하기 위해 광고비를 저렴하게 해준다는 것입니다. 또한 경쟁이 치열한 기존 플랫폼에서도 새로 나온 기능을 잘 활용하면 플랫폼에서 노출 기회를 많이 줍니다.

예를 들어 유튜브가 가장 대세일 때 새로운 플랫폼인 틱톡(www.tiktok.com)이 등장했죠? 만약 내 사업 아이템이 짧은 동영상으로도 마케팅 메시지를 전할 수 있다면, 이미 거물급 크리에이터로 포화 상태인 유튜브보다 틱톡에 도전해서 팔로워를 모으는 편이 나을 수 있습니다. 실제 모두가 유튜브에 집중할 때 틱톡을 꾸준히 파고들어 메가 인플루언서가 된 틱톡커들도 있고요.

틱톡이 유행을 타면서 유튜브도 유튜브 쇼츠를 만들고, 인스타그램도 릴스를 만들었습니다. 틱톡, 숏츠, 릴스 모두 짧은 동영상을 업로드하는 채널이죠. 이때 이미 이용자가 많은 플랫폼인 유튜브, 인스타그램에서 새로 나온 기능인 쇼츠와 릴스에 집중해서 또 많은 팔로워를 모은 사람이 있었습니다.

플랫폼 입장에서는 새로 만든 기능을 빨리 사용하고, 해당 기능을 통해 적극적으로 콘텐츠를 생산하는 유저에게 더 관심이 생길 수밖에 없습니다. 그 사람의 현재 팔로워가 많든 적든 새로 업데이트한 기능을 이 사람이 어떻게 활용하고 있는지 주목하는 것은 당연한 심리입니다. 실제 인스타그램에서 처음 스토리 기능이 추가되었을 때도, 릴스 기능이 추가되었을 때도 새로운 기능을 적극적으로 사용하는 사람에게 많은 노출 기회를 부여했습니다.

이번 장에서는 어쩌면 많은 분에게 생소할 수도 있는 당근마켓에 대해 말씀드렸는데요. 뒤에서 토스 광고에 대해서도 다룰 것입니다. 지금 말씀드린 첫 번째, 사람들이 많이 모이는 새로운 플랫폼과 광고는 꼭 써 본다와 두 번째, 기존 플랫폼에도 신기능이 생기면 적극적으로 활용해 본다. 이 2가지를 기억하셨다가 당근마켓이나 토스 말고도 새롭게 사람이 모이는 플랫폼이 보인다면 적극적으로 도전해 보세요. 10만 원 마케팅의 새로운 채널을 발굴할 좋은 기회가 될 것입니다.

20

텍스트 마케팅 5.

파워링크 광고, 구글 키워드 광고로 대표되는 키워드 광고

키워드 광고는 온라인 마케팅 역사상 가장 먼저 등장했으며, 아직도 많은 회사가 애용하는 유서 깊은 광고 상품입니다. 아시다시피 네이버, 구글 등 검색엔진에 키워드를 검색하면 최상단에 섬네일과 제목이 노출되는 형태의 광고죠. 클릭하면 랜딩 페이지로 넘어갑니다. 키워드 광고도 여러 광고 상품이 있지만, 여기서는 10만 원 마케팅에 적합한 '네이버 파워링크 광고'와 '구글 키워드 광고' 이 2가지를 소개하겠습니다.

① 파워링크 광고

제가 키워드 광고를 10만 원 마케팅 채널로 추천하는 이유가 있습니다. 광고비를 조절하기 편리하다는 건데요. 파워링크 광고와 구글 키워드 광고 2가지 모두 내가 먼저 광고비를 충전해 놓고 광고를 진행하면 사람들이 클릭할 때마다 돈이 빠져나가는 방식입니다. 즉, 제가 달마다 돈을 딱 10만 원만 충전해 놓으면 그 이상 광고비가 나갈 일이 없다는 이야기죠.

앞서 네이버 블로그 설명할 때 대표 키워드와 세부 키워드에 대해 말씀드렸죠? 상위 노출 대행사를 쓸 때 대표 키워드일수록 대행비가 비싸고, 세부 키워드일수록 대행비가 저렴해진다고도 했습니다. 키워드 광고도 동일합니다. 대표 키워드는 사람들이 클릭할 때마다 3,000원, 5,000원이 빠져나갑니다. 광고비 10만 원을 충전해 놓아도 단 하루 만에 20번 30번 클릭되어서 광고비가 삭제됩니다. 우리는 당연히 세부 키워드로 광고해야겠죠?

세부 키워드는 입찰가가 가장 낮은 키워드는 70원부터 시작합니다. 클릭당 200~300원이 넘지 않는 선에서 잘 세팅하면 소액으로도 광고 효과를 볼 수 있습니다. 세부 키워드는 네이버 블로그 포스팅을 하기 위해 네이버 검색 광고에서 미리 찾아놓았으니까요. 입찰가를 하나하나 확인해서 저렴한 것들로 쭉 채워주면 됩니다. 구체적인 파워링크 세팅법은 유튜브에 '파워링크 광고'라고 검색해서 최신 동영상을 확인해 주세요. 블로그를 하면서 검색 광고에 가입해 뒀으면 파워링크 광고 세팅은 어렵지 않습니다.

　장소가 크게 중요하지 않은 서비스업, 온라인 쇼핑몰 사업을 한다면 파워링크를 이용하면 되는데요. 오프라인 매장을 한다면 파워링크 광고가 큰 효과가 없을 수 있습니다. 'ㅇㅇ역 맛집' 같은 키워드는 검색 결과로 네이버 플레이스가 가장 먼저 노출되기 때문이죠. 네이버 광고 상품 중 플레이스 1~2위에 노출해 주는 네이버 플레이스 광고가 있습니다. 파워링크 대신 '플레이스 광고'를 해보세요. 자세한 사용법은 역시나 유튜브에 플레이스 광고를 검색해 보면 됩니다.

② 구글 키워드 광고

　네이버 블로그와 다음 브런치를 같이 하셨으면 좋겠다고 말씀드린 것처럼, 키워드 광고도 이왕 한다면 '네이버 파워링크 광고와 구글 키워드 광고를 같이하시는 것'이 좋습니다. 둘 중에는 파워링크를 먼저 시작하는 걸 추천합니다. 똑같은 키워드 광고인데도 파워링크가 인터페이스도 친절하고 훨씬 배우기 쉽습니다. 네이버 블로그를 했다면 특히 더 배우기 쉽고요.

　아무 베이스도 없는 상태에서 바로 구글 키워드 광고를 하려면 어렵겠으나, 네이버 파워링크 광고를 통해 익숙해진 상태라면 구글 키워드 광고도 빠르게 적응할 수 있을 것입니다. 구체적인 방법은 역시나 유튜브를 참조해 주시면 되고요. 키워드도 파워링크를 하면서 찾은 세부 키워드를 사용해 주면 됩니다.

'굳이 키워드 광고를 2개나 할 필요가 있을까?' 싶은 마음이 드시는 분도 계실 것 같습니다. 일단 노출 지면이 겹치지 않으니 같이 하는 편이 이득입니다. 파워링크는 네이버 검색 결과에만 뜨고, 구글 키워드 광고는 구글 검색 결과에만 뜨니까요. 무엇보다 제 경험상 실제 광고를 해보기 전까지는 내 상품이 파워링크에서 반응이 좋을지, 구글 키워드 광고에서 반응이 좋을지 모릅니다. 일단 광고를 직접 해보고 어느 쪽을 유지하고, 어느 쪽을 안 할지 결정해야 한다는 말이죠.

예전에 학원 사업을 하는 한 대기업 마케팅 대행을 맡은 적이 있습니다. 키워드 광고를 하기로 했는데 대기업답게 광고비 예산이 부족하지 않아서 네이버 파워링크와 구글 키워드 광고를 같이 진행하기로 협의했습니다. 저는 이 상품은 파워링크가 더 효과가 좋을 것으로 예상해서 파워링크에 예산을 밀어주고, 구글 키워드 광고 예산은 파워링크의 10분의 1 수준으로 세팅했습니다.

그런데 웬걸? 구글 키워드 광고를 통해 훨씬 많은 사람이 들어왔습니다. 이런 상황을 겪은 후부터 실제 광고를 해보기도 전에 미리 판단하지 않기로 했습니다. 여러분도 파워링크와 구글 키워드 광고에 10만 원씩 충전해 놓은 다음 테스트를 해본 후 판단하시길 바랍니다.

참고로 구글 키워드 광고에는 '확장검색'이라는 기능이 있습니다. 내가 세팅해 놓은 키워드와 관련성이 높은 다른 키워드를 구글 애즈가 자동으로 찾아서 추가 노출해 주는 시스템입니다. 적은 광고비로도 더 많이 노출된 것이 이 확장검색 기능 덕분이었습니다.

21

다양한 이미지 마케팅:
인스타그램, 메타 광고,
누구나 할 수 있는 토스 광고

글쓰기를 하는 것보다 사진 촬영이 더 즐겁다면 인스타그램만 한 채널이 없습니다. 사진을 기반으로 발달한 SNS인 만큼 겉으로 보이는 비주얼이 중요한 사업 아이템이라면 인스타그램이 특히 효과가 좋은데요. 대표적으로 맛집, 펜션, 애견, 뷰티, 여행 등이 있습니다. 흔히 인스타그램 광고하면 메타 광고 관리자에서 설정하는 스폰서 광고부터 떠오르죠? 스폰서 광고는 바로 다음 장에서 알아보기로 하고, 여기서는 인스타그램 오피셜 계정 운영에 대해 알아보겠습니다.

요즘은 인스타그램 DM을 통해 궁금한 걸 문의하는 분들이 많아 공식 계정을 만들어두면 좋습니다. 그렇게 계정을 생성하면 아무것도 없는 내 피드에 어떤 사진부터 올려야 할지 고민이 시작됩니다. 가장 빠른 방법은 역시나 다른 곳은 어떻게 하는지 레퍼런스를 참고해서 비슷하게 시작하는 것입니다.

이때 레퍼런스 기준은 팔로워가 많은 대기업 계정을 기준으로 잡으면 안 됩니다. 보통 대기업 인스타그램 공식 계정을 보면 다양한 프로모션, 이벤트로 팔로워를 모으는 일이 많습니다. 팔로워들은 해당 계정이 재미있고 유익해서가 아니라 내가 평소 소비하는 브랜드인데 팔로워를 해두면 새로운 프로모션, 이벤트가 있을 때 제일 먼저 소식을 받고 신청할 수 있으니까 팔로우하는 경우가 많습니다. 이런 계정 운영 방식은 당연히 10만 원 마케팅에 적합하지 않습니다.

딱 봤을 때 이런 식으로 계정 운영하면 막대한 돈이 들어가겠다 싶은 계정은 과감히 패스하고, 소액으로도 팔로워를 많이 모은 계정 위주로 찾아보세요. 잘 찾아보면 재미있는 사진으로 사람을 모으는 계정, 예쁜 사진으로 사람을 모으는 계정, 유익한 정보성 카드뉴스로 사람을 모으는 계정, 임팩트 있는 릴스로 사람을 모으는 계정, 감성적인 글쓰기로 사람을 모으는 계정 등 다양합니다.

대표 해시태그를 검색해서 다양한 계정을 보면 레퍼런스는 얼마든지 찾을 수 있습니다. 돈이 들지 않으면서, 내가 콘텐츠를 만들기 위해서 새롭게 뭔가 배우지 않아도 되고, 편하고 빠르게 콘텐츠를 만들 수 있는 레퍼런스를 찾아주세요. 이미지 편집은 미리캔버스나 망고보드로 하면 됩니다. 피드를 올릴 때 어떤 해시태그를 써야 하는지 등은 유튜브 최신 영상을 참고해 주세요.

메타 광고

이미지, 카드뉴스로 할 수 있는 가장 대표적인 디스플레이 광고입니다. 메타 광고 자체는 앞에서도 여러 번 등장했죠? 실제 제가 10만 원 마케팅할 때 가장 많이 애용합니다.

페이스북, 인스타그램을 하다 보면 글 중간중간 광고 표시가 달린 게시 글이 노출됩니다. 메타 스폰서 광고를 통해 보이는 광고들이죠. 광고 소재는 단일 이미지, 카드뉴스, 짧은 동영상을 사용할 수 있습니다. 광고 소재를 만드는 방법은 챕터13에서 말씀드렸습니다. 레퍼런스 이미지를 찾은 다음 미리캔버스, 망고보드 등을 이용해 내 제품에 맞게 수정해서 제작하면 됩니다.

소재가 준비되었으면 광고해야 하는데, 여기에는 2가지 방법이 있습니다. 정석적인 방법은 PC로 접속해 페이스북 비즈니스 계정을 만든 후 광고 관리자를 통해 '스폰서 광고'를 진행하는 것입니다. 두 번째 방법은 스마트폰으로 인스타그램에 접속해 '인 앱 광고'를 하는 것입니다. 인 앱 광고의 경우 페이스북에는 광고할 수 없어서 내 상품이 페이스북보다는 인스타그램에 더 적합할 때 하면 좋습니다.

여러분에게 추천하는 방법은 PC를 통해 페이스북 비즈니스 계정을 만들어서 스폰서 광고를 하는 것입니다. 하지만 인스타그램에 적합한 상품이라면 인 앱 광고부터 해보시길 바랍니다. PC로 스폰서 광고를 하는 건 비즈니스 계정 생성, 페이지 생성, 광고 캠페인, 세트, 소재 설정까지 절차가 복잡한 편입니다. 새롭게 배워야 할 것들도 많고요. 그에 비해 인스타그램 앱으로 진행하는 인 앱 광고는 광고 절차가 간략하고 쉬워서 빠르게 할 수 있습니다.

주식도 내 돈이 1만 원이라도 들어가야 그 돈을 잃지 않기 위해서라도 더 관심을 기울이고 공부하게 되지요? 광고도 일단 배우지 않고도 빠르게 할 수 있는 인 앱 광고를 통해 1만 원이라도 사용해 보면 광고비를 더 소중하게 쓰기 위해 광고 관리자 사용법을 공부하게 되실 것입니다. 광고 관리자 사용법은 역시나 유튜브 최신 영상을 참고해 주세요.

광고 관리자를 통해 광고할 때의 장점은 다양한 캠페인과 타깃팅을 실험해서 광고 효율을 더 높일 수 있다는 점입니다. 똑같은 스폰서 광고도 캠페인에 따라 다양한 광고를 만들 수 있는데요. 가장 많이 쓰이는 캠페인으로는 다음과 같이 3가지, 웹사이트 방문자를 늘리는 트래픽 광고, 구매를 유도하는 전환 광고, DB 수집에 유리한 잠재 고객 양식 광고가 있습니다. 유튜브에 페이스북 트래픽 광고, 페이스북 전환 광고, 페이스북 잠재 고객 광고로 검색하면 각각의 광고를 어떻게 만들면 되는지 해설 영상이 나옵니다.

인 앱 광고와 달리 그룹 설정에서 다양한 타깃팅을 시도할 수 있는데요. 보통 1차 A/B 테스트로 이미지 섬네일, 카피를 테스트해서 가장 고객의 선택을 많이 받는 소재를 알아내고, 다음으로 해당 소재로 여러 개의 광고 그룹을 만든 다음, 그룹마다 타깃팅을 다르게 설정해서 해당 광고를 어떤 타깃에게 노출할 때 가장 성과가 좋은지 2차 A/B 테스트를 하는 편입니다.

이러한 이유로 메타 광고는 배워야 할 것들이 많지만, 하나씩 차근차근 실습하면서 숙달되면 인 앱 광고보다 광고 효율을 높게 끌어올릴 수 있습니다. 게다가 디스플레이 광고의 대표주자인 만큼, 메타 광고 이후에 만들어진 대부분 디스플레이 광고 인터페이스는 메타 광고와 매우 유사합니다.

당장 네이버에서 만든 디스플레이 광고인 GFA 광고 역시 메타 광고에서 볼 수 있는 캠페인, 그룹, 광고 소재 개념을 그대로 도입했습니다.

제가 키워드 광고를 시작할 때 먼저 파워링크를 할 수 있게 되면 구글 키워드 광고도 빠르게 배울 수 있다고 했듯이, 메타 광고를 잘 배워두면 나머지 디스플레이 광고는 쉽게 배울 수 있다는 말입니다.

토스 광고

토스는 당근마켓과 더불어 떠오르는 샛별입니다. '토스로 광고를 할 수 있다'는 사실에 의아한 분들도 계실 텐데요. 편리하게 은행 업무를 볼 수 있는 앱 정도로 알고 계신 분들이 많기 때문입니다. 당근마켓이 중고 거래로 시작해서 지역 커뮤니티로 진화한 것처럼, 토스도 처음에는 간편한 은행 앱으로 시작했으나 지금은 토스 페이가 도입되면서 금융거래, 이커머스 전반으로 사업을 확장했습니다.

실제 토스 앱을 켜서 토스페이에 들어가면 마치 카카오톡 쇼핑처럼 온갖 상품을 구경할 수 있습니다. 토스페이로 금액을 충전해서 이 모든 상품을 다 구매할 수 있고요. 만약 여러분이 온라인 쇼핑몰 사업을 한다면 여러분의 상품도 토스페이에 입점할 수 있습니다. 토스 셀러가 되어서 내 상품을 등록하면 되는데, 역시나 자세한 방법은 유튜브에 '토스 셀러'라고 검색하면 알 수 있습니다.

여기까지 말씀드리면 온라인으로 제품을 파는 사업자만 토스의 덕을 볼 수 있을 것처럼 보일 것입니다. 하지만 그렇지 않습니다. 토스 광고는 토스 셀러가 아니더라도 할 수 있거든요. 물론 토스 페이에 제품을 입점하고 해당 제품을 광고할 수도 있지만, 서비스업이나 오프라인 매장 사업 등도 외부 랜딩 페이지 URL로 광고할 수 있습니다. 실제로 제 사짜 마케팅을 수강한 한 변호사 수강생이 토스 광고로 광고비 1만 원을 사용해서 메타 스폰서 광고보다 더 많은 사람들이 클릭했다고 하셨습니다. 메타 광고는 페이스북 게시 글이나 인스타그램 피드 사이에 광고 표기가 붙어서 노출되는데, 토스 광고는 어디에서 볼 수 있을까요? 토스 앱을 켠 후 하단 메뉴의 혜택 ⇒ 게시물 보고 포인트 받기로 들어가면 됩니다.

보시면 아시겠지만 메타 스폰서 광고와 매우 유사한 형태입니다. 가로 800, 세로 1400 픽셀의 단일 이미지 광고 소재를 준비하면 되는데요. 광고주가 낸 광고비 일부를 광고를 본 유저에게 포인트 형식으로 배분합니다. 그리고 포인트는 토스 페이로 활용할 수 있습니다. 이 때문에 메타 스폰서 광고와 달리 포인트를 모으기 위해 자발적으로 광고를 보는 사람이 많습니다. 좋은 시스템이지요.

당근마켓 광고처럼 토스 광고도 최대한 많은 광고주를 끌어들이기 위함인지 아직은 광고비가 저렴한 편에 속합니다. 충분히 10만 원 마케팅을 할 수 있는데요. 페이스북 비즈니스 계정으로 하는 '메타 스폰서 광고'와 비교하면 광고 집행도 매우 간단해서 배우기도 편합니다. 구체적인 방법은 역시나 유튜브 최신 영상을 참고해 주세요.

22

오디오 및 비디오 마케팅:
팟빵, 팟캐스트와
0원 마케팅을 추구하는 유튜브

오디오 마케팅: 오디오 마케팅의 대명사 팟빵, 팟캐스트

제가 10만 원 마케팅 채널로 팟빵, 팟캐스트를 이야기하면 그게 마케팅 효과가 있냐고 묻는 분이 많습니다. 유튜브에도 소리만 들을 수 있는 라디오 콘텐츠가 활성화되어 있기에 팟빵, 팟캐스트를 할 바에는 차라리 유튜브를 하는 게 낫지 않느냐는 인식이 있습니다.

그런데 팟캐스트, 팟빵 접속자는 의외로 많습니다. 우리가 요즘 TV, 스마트폰을 많이 본다고 해서 라디오가 아예 없어지지는 않은 것처럼 말입니다. 아마도 여러분 주변에서도 운전할 때 듣는 분, 일할 때 백색소음처럼 켜놓고 듣는 분, 집에서 저녁에 듣는 분 등 라디오 콘텐츠를 즐겨 듣는 지인들이 계실 것입니다.

온라인 라디오 시장은 계속 커지고 있는데요. 팟캐스트, 팟빵이 가장 대표적이나 그 외에도 FLO플로, 스푼라디오, 네이버 오디오클럽 등의 플랫폼이 있습니다. 참고로 팟빵과 팟캐스트는 이름은 비슷하지만 다른 채널입니다. 팟캐스트는 미국 회사로 세계에서 가장 큰 라디오 플랫폼이고, 팟빵은 한국에서 만들어진 라디오 플랫폼인데 팟빵, 팟캐스트는 서로 동시 송출이 가능해서 만약 오디오 마케팅을 한다면 2가지를 동시에 하시기 바랍니다.

저는 예전에 팟캐스트, 팟빵을 직접 한 적이 있습니다. 회사 업무 때문은 아니고 친구들과 취미로 했는데요. 웹툰, 웹 소설을 추천하는 콘텐츠를 올렸습니다. 계속하다 보니 듣는 사람도 점차 늘어났고, 나중에 플로에서 연락이 왔습니다. 크리에이터 계약을 맺어서 돈을 받아가며 콘텐츠를 올려달라고 말이죠. 만약 여러분이 말하는 걸 좋아하는데 글쓰기, 사진 촬영, 이미지 편집은 별로라면 오디오에 도전해 볼 수도 있다는 것입니다.

오디오를 할 거라면 유튜브를 해도 되지 않느냐고 물을 수 있는데요. 물론 오디오만으로 유튜브를 할 순 있지만, 유튜브는 오디오 특화 플랫폼이 아니라 비디오 플랫폼이기 때문에 가장 반응이 좋은 건 화면까지 같이 나오는 동영상일 수밖에 없습니다. 자신이 말하는 건 좋아하는데 얼굴 노출이 싫고, 편집이 어려운 사람에게는 유튜브가 큰 진입장벽이 됩니다. 이때 싫어하는 영상을 억지로 만들려고 하기보다는 차라리 내가 하는 말만 녹음하고 빠르게 편집해서 팟빵, 팟캐스트를 하는 편이 낫다는 것입니다. 그렇게 시작해서 예상보다 내가 하는 말을 들어주는 사람이 많고, 마케팅 효과가 검증되면 자신감을 얻고 유튜브로 넘어가시기 바랍니다.

0원 마케팅을 추구하는 유튜브

유튜브는 현재 가장 인기 있는 마케팅 채널입니다. 동영상을 만들어서 올려야 하기에 진입장벽이 높은 편인데요. 처음부터 비싼 카메라나 조명을 사지 말고 스마트폰으로 찍어서 캡컷(www.capcut.com), 브루(Vrew)로 편집해 보세요. 앞서 말씀드렸듯이, 저 역시 비싼 장비를 사놓고 이 장비를 쓰는 방법을 연구하느라 한동안 유튜브를 시작도 하지 못한 과거가 있습니다. 일단 간단한 장비와 툴을 다뤄서 영상을 만들고 더 욕심이 난다면 하나씩 교체해 나가는 걸 추천합니다.

초보자는 여러 대의 카메라로 촬영한 영상을 교차 편집하고, 화려한 영상 효과가 들어가며, 예능 자막이 들어간 영상은 찍기 어렵습니다. 하지만 하나의 카메라, 하나의 구도로 길게 촬영한 다음 필요 없는 부분은 잘라내고, BGM을 넣고, 간단한 자막을 덧붙인 영상 정도는 조금만 배우면 누구나 만들 수 있습니다.

글과 동영상이라는 차이점은 있지만, 이 부분을 제외하면 유튜브는 네이버 블로그와 매우 유사합니다. 유튜브 사용자들은 네이버 블로그 사용자처럼 궁금한 걸 검색창에 키워드 검색하고, 검색 결과로 뜬 동영상을 시청합니다. 우리가 블로그 글을 읽듯이 말이죠. 만드는 것이 글이냐, 동영상이냐의 차이지 마케팅 방법은 블로그와 매우 비슷합니다.

먼저 내 사업과 관련된 키워드를 모아야 합니다. 유튜브는 네이버와 달리 검색 광고 기능은 없어서 자동완성어, 연관검색어를 통해 키워드를 찾으면 됩니다. 그렇게 키워드를 모았으면 해당 주제에 대해 어떤 영상을 찍을 것인지 간단한 QnA 대본을 만듭니다. 대본을 보면서 영상을 만들어서 키워드를 넣어 한 편씩 업로드하면 됩니다. 유튜브 채널을 만들고, 영상을 올리는 방법 역시 유튜브에 검색하면 자세히 나와 있으니 보고 그대로 따라 해 주세요.

유튜브 광고는 어떨까요? 솔직히 말씀드려서 추천하지 않습니다. 유튜브 광고도 종류가 여러 가지인데요. 크게 검색 결과 최상단에 영상을 보여주는 디스커버리 광고와 다른 동영상을 보기 전, 보는 중간, 다 본후 광고 영상이 나오는 인스트리밍 광고가 있습니다. 어떤 광고든 돈이 많이 들어가는데요. 클릭해서 랜딩 페이지로 들어오는 비율도 낮고, 구매나 신청도 잘 일어나지 않습니다. 아마 여러분도 유튜브 광고를 통해 뭔가를 구매하거나 DB를 남기는 경험은 잘 없으실 것입니다.

파워링크를 같이해도 되는 네이버 블로그와는 달리 유튜브는 꾸준히 영상을 발행해서 0원 마케팅을 하길 추천하며, 영상을 계속 올리면서 어떤 영상이 사람들 반응이 좋은지 확인해 보세요. 고객들이 더 많이 선택하는 방향대로 영상을 제작하면서 편집 스킬을 계속 키워나가면 됩니다. 단 블로그와 마찬가지로 장기전을 각오해야 합니다.

블로그가 맨 처음 세부 키워드로만 글을 써야 해서 성장이 느리다면, 유튜브는 구독자가 쌓일 때까지 인고의 시간이 필요합니다. 처음 영상을 만들어 올리면 조회 수가 몇십에서 몇 백 정도밖에 나오지 않을 것입니다. 그러다 소비자들이 좋아할 영상을 만들면 일명 '알고리즘의 간택'을 받아 영상 하나가 추천 동영상으로 바이럴 됩니다. 그 한 영상이 조회 수가 잘 나왔는데 내 채널이 이전부터 비슷한 영상을 계속 만들어왔다면 이때 구독자가 많이 늘어납니다.

그때부터는 내 채널에 올린 영상의 전체 조회 수가 오르는 현상이 일어납니다. 이 구간까지 도달하기는 어렵지만 1주일에 1~3편씩 꾸준히 영상을 만들어 올리면 좋은 10만 원 마케팅 채널이 되어줄 것입니다.

월 10만 원 마케팅으로 '돈쭐이 난 사장님'의 성공사례를 기다립니다

이렇게 제가 여러분에게 말씀드리고 싶었던 10만 원 마케팅의 모든 이야기가 끝났습니다. 잠깐 내용을 요약해 보겠습니다. 파트 1에서 10만원 마케팅의 근본 원리, 철학에 대해 말씀드렸습니다. 많은 사장님이 상품 생산, 영업, 인사, 세무 등 사업과 관련된 모든 분야에 항상 도전하는데 유독 마케팅만은 저렴한 광고비로 마케팅 효과 보기라는 미션에 도전하지 않으십니다. 그 원인은 마케팅 = 광고 = 돈이라는 공식(삼단논법)에 사로잡혀 있으며, 전문 영역이기에 선문가(=광고대행사)에게 맡겨야 한다는 인식에서 비롯되었습니다.

끝까지 책을 읽은 분이라면 이제 아실 것입니다. 마케팅은 전문가가 아니더라도 배워서 시작할 수 있고, 상품에 대해 가장 잘 아는 대표가 직접 도전해야 한다는 것을 말이지요. 그리고 마케팅, 광고 = 돈이라는 공식에서 벗어나서 이상적인 고객을 발굴해 최고의 상품을 전달하기 위한 도전과 최적화의 연속으로 마케팅을 이해해야 합니다. 광고란 소비자의 기억 속에 내 상품의 인상을 남기는 행위라고 재 정의하면 의외로 무료 혹은 저가의 광고비로 광고할 수 있는 방법이 많다는 걸 보여드렸습니다.

파트 2에서는 10만 원 마케팅을 시작하기 위한 구체적인 실무 방법론을 설명했습니다. 시장조사를 통해 보고서와 기획서를 작성하고, 내 회사의 마케팅 메시지와 스토리텔링을 정하며, 고객이 상품에 도달하기 위한 마케팅 퍼널과 세일즈 퍼널을 설계했고, 각 퍼널의 효율을 높이기 위해 테스트 유닛을 발굴해 최종적으로 린 프레임워크를 만들었습니다.

내 회사, 내 상품의 린 프레임워크를 완성했다면 마케팅의 절반은 진행한 것입니다. 나머지는 파트 3에서 알려드린 마케팅 채널을 참고해서 광고를 통해 실제 고객을 만나 A/B 테스트로 린 프레임워크 전체를 빠르게 최적화해 나가면 됩니다. 에필로그를 쓰면서 원고를 다시 살펴보니 한 번에 이해가 안 되실 수도 있겠다 싶어서 다시 한번 핵심 내용을 3가지로 요약하면 다음과 같습니다.

① 광고는 돈이 아니라 기억입니다.

② 마케팅의 출발은 내가 하고 싶은 말을 하는 게 아니라, 소비자가 듣고 싶어 하는

메시지를 만드는 것입니다.

③ 마케팅은 끝없는 도전과 최적화의 연속입니다.

이 책을 통해 소액의 광고비로 마케팅 효과를 보는 방법에 관심이 생기셨다면, 책을 여러 번 읽고 내용을 완전히 이해한 다음, 회사 혹은 실무 마케팅에 적용할 것을 찾아 꼭 실천하시기 바랍니다. 잘 이해가 되지 않으신다면 챕터 6에서 말한 마케팅 트레이닝 중 역추적 트레이닝부터라도 꼭 해보세요. 마케팅은 이론만 공부하고, 실무를 해보지 않고서는 알 수 없는 것들이 많으니까요. 제 책과 더불어 신태순 대표의 《게으르지만 콘텐츠로 돈은 잘 법니다》도 같이 읽어보시면 좀 더 이해하기 쉬우실 것입니다.

마지막으로 여러분에게 한 가지 제안을 하겠습니다. '까치밥'이라는 말이 있는데요. 지금은 자주 볼 수 없지만, 옛날 우리 어머니 할머니들은 감 농사를 짓고 가을 추수철에 감나무에 달린 모든 감을 다 수확하지 않았지요. 한겨울에 먹을 것이 없어 힘든 상황의 까치들이 먹으라고 감 일부를 까치밥으로 남겨두는 따뜻한 풍습이 있었습니다.

이 책의 내용을 사업에 적용해서 10만 원으로 마케팅 효과를 보신 분이 계신다면 까치밥을 남긴다는 마음으로 그 방법을 주변 분들, 여

에필로그

러분과 같이 이 책을 읽은 분들에게 알려주셨으면 좋겠습니다. 많은 스타트업, 소상공인 대표님들이 비싼 돈으로 광고하지 않는 건전하고 바람직한 생태계를 만들기 위해서 말이죠.

위의 이미지는 《10만 원 마케팅》 오픈 채팅방 QR 코드입니다. 독자와 저자로서의 만남은 책 마지막 페이지를 덮으면 끝이지만, 여러분과 저의 인연은 이제부터 시작입니다. 다른 분들은 어떻게 광고비 10만 원으로 마케팅하고 있는지 알아보고 싶은 분들, 여러분의 10만 원 마케팅 성공 사례를 까치밥으로 남기고 싶은 분들, 10만 원 마케팅 관련해서 저에게 질문하고 싶은 분들은 오픈 채팅방에 입장하셔서 편하게 말씀해 주세요.

끝까지 읽어주셔서 감사합니다. 여러분만의 특별한 상품이 10만 원 마케팅을 통해 알맞은 고객을 만나 세상에 꽃을 피우길 항상 기원합니다.

주식회사 인스텝스 대표 김기현 올림

마케팅 비용 극적으로 줄이는
10만 원 마케팅

1판 1쇄 펴낸날 2024년 10월 19일

지은이 김기현
펴낸이 나성원
펴낸곳 나비의활주로

책임편집 유지은
디자인 BIG WAVE

전화 070-7643-7272
팩스 02-6499-0595
전자우편 butterflyrun@naver.com
출판등록 제2010-000138호
상표등록 제40-1362154호
ISBN 979-11-93110-43-0 03320